古代歷史文化 研究 輯刊

十七編

王明蓀 主編

第 18 冊

明清士紳家訓研究
（1368～1840年）（下）

王瑜 著

國家圖書館出版品預行編目資料

明清士紳家訓研究（1368～1840 年）（下）／王瑜 著 — 初版
— 新北市：花木蘭文化出版社，2017〔民 106〕
目 4+152 面；19×26 公分
（古代歷史文化研究輯刊 十七編：第 18 冊）
ISBN 978-986-404-958-5（精裝）
1. 家訓
618   106001391

ISBN-978-986-404-958-5

9 789864 049585

古代歷史文化研究輯刊
十七編　第十八冊   ISBN：978-986-404-958-5

明清士紳家訓研究（1368～1840 年）（下）

作　　者　王瑜
主　　編　王明蓀
總 編 輯　杜潔祥
副總編輯　楊嘉樂
編　　輯　許郁翎、王筑　美術編輯　陳逸婷
出　　版　花木蘭文化出版社
社　　長　高小娟
聯絡地址　235 新北市中和區中安街七二號十三樓
　　　　　電話：02-2923-1455／傳眞：02-2923-1452
網　　址　http://www.huamulan.tw 信箱 hml810518@gmail.com
印　　刷　普羅文化出版廣告事業
初　　版　2017 年 3 月
全書字數　287144 字
定　　價　十七編 34 冊（精裝）台幣 68,000 元　　版權所有・請勿翻印

明清士紳家訓研究

（1368～1840年）（下）

王　瑜　著

目次

第四章 明清士紳家訓中的訓女觀：
男權社會的規約

　　中國傳統社會是以家庭為本位的宗法社會，無論是家庭內部還是社會、國家，對男性與女性都有明顯不同的性別角色定位：對男性以修身、齊家、治國、平天下的人生發展藍圖進行規範約定，以追求社會地位與社會成就為男性的人生終極目標。而對女性卻有迥異的行為規範和道德約束：做順女、賢妻、孝媳、良母，尤其要有相夫、教子的擔當。

　　明清時期士紳家訓對女性角色的定位仍然以家庭為主。家庭是她們的主要活動空間，她們的地位與人生價值主要在家庭中實現，這就決定了明清士紳家訓主要內容必然是女子在家庭中的具體行為規範，要求她們與家庭成員和睦相處，在室女要順從父母，出嫁後能做賢妻、孝媳，被丈夫、翁姑接納，並在適當的時候對子弟進行督導。

　　《易經》中指出女性對於家庭乃至國家的重要作用：「一婦正，一家正，一家正，天下定矣。」[註1]一方面因儒家倫理思想的深層積澱，另一方面是國家為維護長治久安的目的而倡導：「積家而成國，家恒男婦半。女順父母，婦敬舅姑，妻助夫，母長子女，姊妹，娣姒，各盡其分。人如是，家和；家如是，國治。」[註2]明清士紳繼承了傳統儒家家庭倫理的精神，「家睦在婦德，象繫有遺音。」[註3]家道的興衰成敗，女性的作用不容忽視，而丈夫不但志在四方，人也在四方（或求學或為官），治家方面自然不能指望丈夫多少，

〔註1〕《易經・家人卦》。
〔註2〕〔清〕趙爾巽等撰：《清史稿・烈女傳・序》中華書局 1976～1978 年點校本。
〔註3〕〔明〕方孝孺：《遜志齋集》卷23，《勉學詩》。

女性在家庭倫理乃至社會國家體制的維護中起著舉足輕重的作用，對女性的教育與督導也就顯得非常重要。

和男性相比，女子不能出外就學，出嫁後又有諸多家務需操持，加之，女子接受教育的時間只有從懂事後到出嫁前大約十年的光景，對她們進行教育因此非常急迫。而傳統社會對女子的特殊約束又使得對她們的教育大多只能通過家庭教育的形式進行，家訓就是能夠對其實施家庭教育的一種很好形式。有鑒於此，明清士紳在家訓中對男子進行訓誡的同時，不忘對家中的女子進行訓誡。

明清時期，受社會性別制度的制約，女性被定位於家庭，對她們的訓誡主要局限於要求她們如何履行孝敬雙親、順從丈夫、教養子女等職責，教育她們如何服務於家庭或家族，教育她們如何在順境中如魚得水、遊刃有餘，在逆境中通過謙恭、曲從、有擔當而站穩腳跟，女性自身也在程朱理學的關照、國家政策的規定、士紳及社會輿論的指引範限中找尋生存與發展的空間。

這一時期，因「男外女內」性別社會觀的約束，女子的生活與工作的環境都在家內，士紳們在家訓中對女子的訓誡也本著這一要求，規定女子不言外事，不出外門，居住於內室，勞作於室內。特殊的生活與工作環境，使得對女子的訓誡顯示出強調女性品德的修持、言語的謹慎、容貌的端莊、身體的勤勞、衣著的整潔等特別內容。

由於女子在其人生成長階段擔當的角色不同，生活於不同的環境中：出嫁前，為人女時，她們和親身父母生活在一起，這時，她們過著一種相對比較恬適自在的生活。士紳在家訓中也會對她們制定相應的規範，令其遵循，以期將來出嫁後她們能很好地擔當起為人婦、為人妻、為人母的角色。但這時對她們的要求與其說是規範，不如說是期望，對她們究竟有多少約束力，則很讓人質疑。換句話說，對於在室女的訓誡，不如後來她們處於人生其它階段家訓中的相關要求嚴厲。如果說對在室女尚未出嫁相關訓誡更多的是期望的話，那麼，對其出嫁後的規訓，則具有規範的意味，更強烈地希望其能夠在實際生活中履行。

出嫁後，女子到了一個完全陌生的環境，原本陌生的翁姑、丈夫等人都是她要天天面對、必須要迅速熟悉的新的家人，為了女兒出嫁後，能在夫家關係和睦、生活美滿，士紳們在家訓中都會反覆訓誡女子要恪守婦道，敬順翁姑，相夫教子，熟練操作各種家務。

　　女性的角色不同，家訓中對其要求也不盡相同，儘管如此，對於作為女性這一類別來說，明清士紳對她們的規範，我們依然可以從德言容工等方面進行歸納，這些規範也是對傳統家訓的繼承與延續。但明清士紳的訓女思想也因應時代變化，而進行了一些調整。比如，明清時期，因受理學影響，加之統治階級的提倡，家訓中有關守節的內容與思想相對來說增加頗多。關於是否守節也開始了討論，有讚賞守節的，也有主張根據具體條件作出權變的，這是時代發展的投影。

　　關於女子是否應該學習、學什麼，也是這一時期士紳家訓中反覆訴說的一個主題，雖然當時流行「女子無才便是德」說法，對德行的要求處於至高無上的地位，但大部份士紳還是主張女子要學習一定的知識，以便她們將來能夠更好地擔當起為人妻、為人婦、為人母的角色。尤其是為人母時，由於男子主要從事對外的事務：明清士紳或求學或仕宦或治生等，子弟尚未進入學校學習系統知識時，啟蒙教育中，母親的作用不容小覷。尤其是隨著科舉制度競爭日趨激烈，子弟上學前對其進行包括言行舉止等品德教育在內的教育就顯得比較重要。並且，科舉制度又影響時人形成一種教育須早教和速成的思維定勢，這時擁有一定文化修養的母親至少能部份地擔當起這一重任，有些家庭由於父親早逝或常年在外，母親更是擔當起全部家庭教育的職責。有鑒於此，明清士紳在家訓中對女子是否學習知識，大多持肯定的態度。

　　「在中國，一個婦人的主要生活目標就是做一個好女兒，一個好妻子和一個好母親。」「一個婦人——一位真正的中國婦人是沒有自我的。」〔註4〕三從四德是對她們的全部要求，順從就是婦人「好」的標誌。《禮記》中對「順」給出了規範：「婦順者，順於舅姑，和於室人；而後當於夫，以成絲麻布帛之事，以審守委積蓋藏。是故婦順備，而後內和理；內和理，而後家可長久也。」〔註5〕它指出婦順是家庭和睦家道昌隆的根本與基礎。既然對女性的教育幾乎都是本著婦德的教育，我們就從德行觀來剖析明清士紳在家訓中對女子行為的規範。

一、女性德行觀

　　傳統社會對女子應具備的德行，主要是以「四德」為主，即婦德、婦言、

〔註4〕辜鴻銘：《中國人的精神》，海南出版社1996年版，第83頁。
〔註5〕《禮記‧昏義》。

婦容、婦功。《周禮》中指出，「（九嬪）掌婦學之法以教九御婦德、婦言、婦容、婦工，各帥其屬以時御敍於王所。」〔註6〕《禮記》中指出：「古者婦人先嫁三月，祖廟未毀，教於公宮，祖廟既毀，教於宗室，教以婦德、婦言、婦容、婦功。教成，祭之，牲用魚，芼之蘋藻，所以成婦順也。」〔註7〕這裡都籠統地提到上層婦女要學習「四德」。至於「四德」的具體內容，是東漢班昭在《女誡》中，對其進行了解釋：「婦德，不必才明絕異也，幽閒貞靜，守節整齊，行己有恥，動靜有法。婦言，不必辯口利辭也，擇詞而說，不道惡語，時然後言，不厭於人。婦容，不必顏色美麗也，盥洗塵穢，服飾鮮潔，沐浴以時，身不垢辱。婦功，不必工巧過人也，專心紡織，不好戲笑，潔齊酒食，以奉賓客。」〔註8〕從此，「四德」被規定下來，被後世奉爲教女圭臬。從相關闡釋可以看出「四德」不是要求女性有豔美的容貌、善辯的辭令、華美的裝扮、精巧的手藝，而是服從於男權，服從於夫家，擁有勤勞、整潔、端莊、謹愼等美德即可。後世對女性的品德要求，大多不出其右。

　　明人呂坤在對「婦」進行訓詁解釋的基礎上，對「四德」進行了詮釋，「婦人者，伏於人也。溫柔卑順，乃事人之性情；純一堅貞，則持身之節操。至於四德，尤其所當知。婦德尙靜正，婦言尙簡婉，婦功尙周愼，婦容尙閒雅。」如果擁有了這「四德」，即使「才拙性愚，家貧貌陋」，也不會妨礙其成爲賢婦；相反，如果失去這「四德」，即使「奇能異慧，貴女芳姿」，也「不能掩其惡」。〔註9〕

　　清人王朗川也指出：「性格柔順，舉止安詳。持身端正，梳妝典雅。低聲下氣，謹言寡笑。整潔祭祀，孝順公姑。敬事夫主，和睦妯娌。禮貌親戚，寬容婢妾。教導子女，體恤下人。潔治賓筵，謹飭門戶。早起晚眠，少使儉用。學製衣服，學做飲食。打掃宅舍，收拾傢夥，蠶桑紡織，孳生畜牲。」〔註10〕寥寥數語，將女子應擔當的角色卻進行了全面的規定：爲婦要孝順翁姑，爲妻要敬事丈夫，爲母要教導子女，爲妯娌要和睦，爲主人要寬容、體貼。概括起來，孝順、貞靜、整潔、端莊、勤儉、謹愼等是女性應該具備的品質。

〔註6〕　《周禮·天官冢宰第一·九嬪》，《四部叢刊》初編。
〔註7〕　《禮記·昏義》。
〔註8〕　〔漢〕班昭：《女誡》，影印文淵閣四庫全書本。
〔註9〕　〔明〕呂坤：《閨範·婦人之道》，〔清〕陳宏謀：《五種遺規·教女遺規》卷中。
〔註10〕　〔清〕王朗川：《言行彙纂》，《女訓約言·女德》，〔清〕陳宏謀輯：《五種遺規·教女遺規》卷下。

「在這裡，婦德不是才德，而是貞節柔順；婦言不是口利，而是愼言守禮；婦容不是美顏而是整潔肅穆；婦功不是能巧，而是善事公婆丈夫。它要求婦女服從男權，謹守品德、辭令、儀態和家政，服務於他人。」〔註11〕

本節依據女性所經歷的人生不同階段，從婦德方面梳理明清士紳對女性的期待與規範，明清時期士紳家訓中對於婦容和婦言的規定大多繼承明清以前的社會而無多少發揮，本文暫不討論。

（一）為女之道：未雨綢繆

女性一生經歷多種角色：未嫁爲女，即嫁成婦，生子成母，各種不同的角色，對女性的期待與規範也不盡相同，種種期待與規範，都對女子的能力與德行提出考量並隨時檢驗。而「爲女」是這種種角色的起始階段，爲女角色扮演得好壞，直接關係到日後婚配選擇及爲婦爲媳乃至爲母角色成功與否，或者說，爲女之道修煉得好壞，直接影響到女子人生其它角色的成敗。「爲婦之道，皆本於爲女之時，是以古人養女當未賦于歸，必設姆師訓教，令其習聞持身敬夫立家之訓，講求孝公姑、和妯娌、待僕從之理，則女教實皆婦教也。」〔註12〕爲女之道，既是基礎，也是關鍵。「有賢女然後有賢婦，有賢婦然後有賢母，有賢母然後有賢子孫，王化始於閨門，家人利在女貞，女教之所繫，盡綦重矣。」〔註13〕

培養賢淑的女德，實爲將來女子出嫁之後守持婦道，護持母儀的基礎。明人蔣伊主張：「女子稍長，每月朔望，命其先禮佛，次謁見祖父母及父母，善誨道之。蓋女性多鷙，禮佛所以啓其心智也。雍容謁見，所以嫻事舅姑之禮也。」〔註14〕雖然蔣伊對女性的認識不無偏頗，但他重視對女子進行教誨，以開啓心智；強調對女子進行禮節訓練，以練習侍奉舅姑之禮卻言之有理。擁有良好的品德，也能成爲女子擇婿的資本，一般士紳之家擇媳時，也將其作爲首選條件。當有人給鄭板橋的兒子做媒時，他首先想到的是「竟端莊節儉否？」而對方善於作詩，卻並不被鄭氏看好：「至於能詩，余並不重視。」他接著又解釋說，「語云：女子無才便是德。娶妻只娶德，擇婦爲兒輩終身大事，更宜重德不重才。蓋有德之女，必勵貞操；有才之女，易生厭夫之心，

〔註11〕 李卓：《中日家族制度比較研究》，人民出版社2004年版，第407～408頁。
〔註12〕 〔明〕黃標：《庭書頻說》，張師載輯：《課子隨筆鈔》卷3，《叢書集成續編》第61冊，第49頁。
〔註13〕 〔清〕陳宏謀：《五種遺規》，《教女遺規·序言》。
〔註14〕 〔清〕蔣伊：《蔣氏家訓》，《叢書集成新編》第33卷，第213頁。

故我不娶才女。」〔註 15〕這說明鄭氏對女子品德的重視。

女子品德的培養不僅是個人道德的修煉，更重要的是關係到家庭倫理道德的存在與保持，女子在家庭、社會和國家中扮有極其重要的角色。女子出嫁後要扮演爲人妻、爲人媳、爲人母、爲人妯娌、姑嫂等角色，在擔當這些角色時，怎樣得體不辱母家身份等，是要從小進行教育告誡的。「婦道母儀，始於女德，未有女無良，而婦淑者也。故首女道。」〔註 16〕爲了成功地擔當起在夫家的各類角色，需要接受孝順翁姑、相夫教子、主理中饋、紡線績麻等事務的培養與訓練。

明清士紳對女子德行修養的期待與規定，主要也是從道德修煉與技能培訓等方面來規劃的。「教女之道，先教以柔順和平，尤必使習儉習勤，寡言寡笑，勿輕見客，勿常出門，剪黹而外，凡操作之事，必令躬親，若嫁貧家則事事憂爲，不致自苦，即嫁富家，亦事事諳練，不受人欺。……即剪黹一端，勿可專工刺繡，凡縫紉裁剪皆所宜諳，當未嫁之時，須常將孝舅姑、敬丈夫，睦妯娌諸端預爲教導。」〔註 17〕

相對於才能培訓與技能操練來說，德行的培養首當其衝的。擁有賢淑的女德，在家可以爲良女，擇偶時可以選擇到合適的人家，出嫁後又可以成孝婦、賢妻、良母，即使婆家不幸突遭變故，也能應付裕如。那麼，女子應培養哪些基本的德行呢？

明仁孝文皇后所著《內訓》對女子應擁有的德行概括較全面：「貞靜幽閒、端莊誠一，女子之德性也；孝敬仁明、慈和柔順，德性備矣。夫德性，原於所稟，而化成於習。匪由外至，實本於身。」四庫館臣解釋說：貞靜者，正固而不妄動也；幽閒者，幽深閒雅之謂；端莊者，齊肅正直之謂；誠一者，眞實無妄之謂；善事父母爲孝，主一無適爲敬，仁者心之德，愛之理；明謂聰明，慈者無不愛，和者無所乖，柔順者坤之德也，言是數者女子之德性也，必全是數者而后德性備。夫德性者，天之所命，而成於所稟，無有不善而氣習變化始有善惡之異然，非由外爍我者也，實本於吾之身而已。〔註 18〕這些德行是由先天的秉賦加上後天的教育養成的。

〔註 15〕 〔清〕鄭板橋：《板橋家書》，《濰縣署中寄四弟墨》，第 171 頁。
〔註 16〕 〔明〕呂坤：《閨範·女子之道》，〔清〕陳宏謀輯：《五種遺規·教女遺規》卷中。
〔註 17〕 〔清〕戴翊清：《治家格言繹義》卷下，《叢書集成續編》第 60 卷，第 626 頁。
〔註 18〕 〔明〕仁孝文皇后：《內訓》，影印文淵閣四庫全書本。

「有此女德，雖貧賤之家，人看得自然貴重。雖沒好衣服首飾，有好聲名，自然華美。又攜得本家父母與闔族親眷，都有光彩，似這等，也不枉生女一場。」這些為女之道，既是女子在家時應具備的基本德行，也是將來出嫁後立身的根本，是日後行婦道的基礎，也是不辱娘家父母的資本。反之，如果所做有損女德的事，或者失掉婦德，就會使父母受辱。「雖其中小小出入，皆世俗常態，然不可不謹也。或者是蕩禮踰閑，失掉婦德。如此的話，縱生長富貴家，衣服首飾從頭到尾都是金珠，都是綾錦，也不免被人嗤笑。玷辱父母。」〔註19〕

士紳家庭對子弟婚姻擇配對象更看重是否來自書香門第，女子賢淑與否，是其選擇婚配的首要條件。這是關係到將來家庭是否和睦、子弟是否賢能、家道是否昌隆乃至能否長久保留士紳階層身份的關鍵。「嫁女擇佳婿，毋索重聘；娶媳求淑女，毋計厚奩。」〔註20〕「娶婦以擇婦為主，正不可苟。門戶不在豪華而貴清雅；其人讀書知禮，守儒素。若陋俗嗜利者，亦所不宜，其女子性行於此關一二，不可不謹。豪華之家，其女子必侈汰；不知禮之家，其女子必憨悍；陋俗之家，其女子多不識大體。」必要時，「詢訪不可少也。」〔註21〕

良好的女德有助於清白家風的傳續，並能應付將來可能發生的不幸變故。「縱使家道貧富不齊，如饁耕採桑，操井臼之類，勢所不免，而清白家風自在。或有不幸寡居，則丹心鐵石，白首米霜，如古史所載，貞烈婦女，炳耀後先，相傳不朽，皆風化之助，亦以三從四德，姆訓夙嫻養之者素也。」如果擇配時不重女德，重財富，娶入生性兇悍、傲僻長舌溺愛子女之女子，「皆為家之索。」所以，「擇婦必世德。」若須從貧家女和富家女中擇其一為妻，則建議「娶必欲不若吾家者」〔註22〕他們擔心，富家之女有可能「驕奢淫佚，頗僻自用，動笑夫家之貧，務逞華靡，窮極奉養，以圖勝人，一切孝公姑、睦妯娌、敬師友、惠臧獲者，概未有聞。」〔註23〕

女德的得失，影響到為人妻、為人婦、為人母等角色的成敗。從小的方

〔註19〕　〔清〕王朗川：《言行彙纂》，陳宏謀輯：《五種遺規・教女遺規》卷下。
〔註20〕　〔清〕朱伯盧：《治家格言》，《叢書集成續編》第61卷，第64頁。
〔註21〕　〔明〕徐三重：《家則・擇婦》，《古今圖書集成・明倫彙編・家範典》，卷57，「姑媳部」。
〔註22〕　〔清〕王士晉：《宗規》，〔清〕陳宏謀輯：《五種遺規・訓俗遺規》卷2。
〔註23〕　〔明〕謝肇淛：《五雜俎》卷12，《物部四》，上海中央書局1935年版。

面來說，這些角色會影響到家人的和睦團結與否，從大的方面來說，對家道的興衰不無關係：「雖天子諸侯之興衰，未有不由於內助之得失，況其下者乎？凡議婚者必如司馬翁公所謂察其性行及家法何如，不可苟慕一時之富貴，而輕娶驕傲妒悍之婦，亦不可苟安一時之貧賤而勿擇勤儉孝敬之德，若或兩面二舌，唏嘘早讒，務口腹事，冶容好遊談、懶生理、崇侈鄙儉，傲上輕夫，離間骨肉，交構婢僕，竊盜放蕩，懦弱無能，有一於此即爲凶德，而喪名敗家，無所不至矣。」〔註 24〕——雖然其中對女性的認識不無偏頗，但其主張娶婦要慎重，首重女德，卻自有其合理之處。明清士紳也反對婚娶於市井之家，這類家庭出生的婦人不知讀書的重要性，而姑息其子，不習儒業，導致家道中衰。「吾見名人之後，至於不識字，總由姑息不使之習舊業耳，……市井之家不知書爲何物，姑息其子，遂致流爲屠沽。」〔註25〕

明清士紳強調重視在室女的品德。但是，這些品德不是與身俱來，除了家風的化育，最主要的就是家人有意識地對其進行教育。「古之貞女，理性情，治心術，崇道德，故能配君子以成其教。是故仁以居之，義以行之，智以燭之，信以守之，禮以體之，匪禮勿履，匪義勿由，動必由道，言必由信，匪言而言，則屬階成焉；匪禮而動，邪僻形焉。閫以限言，玉以節動，禮以制心，道以制欲，養其德性。所以飭身，可不慎歟！」〔註26〕

除了籠統地強調爲女之道要遵循四德外，孝順父母是明清士紳對在室女強調的重點。「人身雖有男女，自父視之，則皆子也。同爲父母所生，獨不得終養，女子之心有倍愴然者矣，永言孝思，常存勿替，隨其力之所能，盡其情於不自己。」〔註27〕「夫孝者百行之源，而猶爲女德之首也。」「萬善之端，莫先於孝，故爲百行之源；婦人之義，莫重於孝，故爲女德之首。」〔註 28〕「女未適人，與子同道，孝子難，孝女爲尤難，世俗女子在室，自處以客，而母亦客之，子道不修，母顧其衣食事之焉，養嬌羞態，易怨輕悲，亦未聞道矣。」〔註29〕遵照父母的命令，依順父母的言行，不與父母爭執是孝順的

〔註24〕〔明〕劉良臣：《鳳川子克己示兒編》，續修四庫全書本。
〔註25〕〔清〕焦循：《里堂家訓》卷上，《叢書集成續編》第 60 卷，第 663 頁。
〔註26〕〔明〕呂坤：《閨範・女子之道》，〔清〕陳宏謀：《五種遺規・教女遺規》卷中。
〔註27〕〔清〕藍鼎元：《女學》卷 1，沈雲龍主編：《近代中國史料叢刊》續輯，第 41 輯，第 410 冊，第 42 頁。
〔註28〕〔清〕王相輯：《女子四書讀本》，《女範捷錄》。
〔註29〕〔明〕呂坤：《閨範・女子之道》，〔清〕陳宏謀輯：《五種遺規・教女遺規》

首要條件：「稟命而行，不宜剛強執拗，惟父母之言是聽，若任意抗違，是爲大惡，雖小不可放過。」〔註30〕「父母教訓且休強」、「父母使喚休強嘴」。〔註31〕相對於男子的孝敬親人使其養、敬、悅的特點，對於女子孝順的要求，更強調的是日常生活的服勞奉養。

關於倡導女子盡孝的事例，我們可以呂坤《閨範》和王相母《女範捷錄》中褒揚的孝女，來看明清士紳的女孝標準。

表4-1　相關士紳家訓文獻中的孝女典範：

孝　女　類　型	孝　義　行　為
捨（傷）身救（尋）親	楊香搤虎、曹娥抱父、盧氏以身當虎、謝小娥託傭擒仇敵
代父任事	木蘭代父從軍
明理救父	緹縈贖親、婧女責槐救父、娟女操舟活親
事親疾病	張女割肝、葛妙眞不嫁齋素、袁氏女不避兵火、康孝女棄子乳弟

製表說明：此表據《閨範》和《女範捷錄》中「孝女」類型製作而成。

上表中的孝女類型分爲四類。第一類，捨（傷）身救（尋）親；第二類，代父任事；第三類，明理救父；第四類，事親疾病。其中緹縈、娟女、曹娥等三位女子是兩篇家訓中都加以讚賞的孝女。她們分別是明理救父和捨身尋父的類型。除了代父任事者只有一人外，其它三類如（傷）身救（尋）親、明理救父、事親疾病等都是明清士紳所極力褒獎的孝女類型，說明明清士紳認爲，通過對身體的服勞奉養顯示孝道，通過女子的聰明才智發揚孝行，都是值得讚賞的孝行。尤其是其中有許多過激行爲，如割肝、嘗糞、擋虎、爲孝親而致傷致死等，它們成了明清士紳宣揚孝道中的重點，顯示出明清士紳希望女子在閱讀這些孝道行爲時，通過自身的角色體認，將以自身肉體侍奉雙親甚至爲親致傷致死的行爲內化爲個體的自覺行爲，以便將來出嫁之後推及到侍奉丈夫及翁姑——雖然這種行爲不無危險和不可思議。另外，兩篇家訓中對明理救父的緹縈和娟女都加以強調，說明以智行孝，同樣是明清士紳所激賞的孝行，希望她們在關鍵時候能夠利用自己的聰明才智發揚孝道、孝敬雙親。

　　卷中。
〔註30〕〔明〕呂坤：《昏前翼》，〔清〕陳夢雷編：《古今圖書集成・明倫彙編・閨媛典》卷3，《閨媛總部・總論二》。
〔註31〕〔清〕賀瑞麟：《女兒經》，《蒙養書集成》（2），三秦出版社1990年版，第3頁、第5頁。

　　除女德外，女工也是士紳階層強調的重點，相對來說，士紳階層不是社會的底層，他們的子女一般來說也不會爲生計操勞，對她們提出女工要求，更主要的是要求她們將來出嫁後能夠指導家中僕從，能夠起到指導監督表率作用，以使士紳家庭既富有生機，又井然有序。此外，也是爲不時之需做準備，希望她們將來能夠在夫家應對各種突發事件：如丈夫英年早逝，夫家遭遇政治變故，家庭背負經濟負擔等。這時，她能夠支撐起夫家的天地，忍辱負重孝敬雙親，含辛茹苦教養子女。「即使是精英階層家庭的女兒，都要接受體力勞動的訓練，這有兩個目的，一是用來應付寡居或貧困等可能遭遇的逆境，一是在家中爲孩子和奴婢樹立一個勤勞的榜樣。寡母取代已故的父親成爲家中支柱，她用勞動所得作爲兒子的教育費用，同時，操勞的母親形象是母愛子孝的強有力的象徵。」〔註32〕

　　無論是貴爲皇后，還是官宦人家婦女，抑或普通民婦，在女功上具備相應的能力，都是傳統社會所贊許的。「一個婦女在從事女工上的能力被看成是婦女具備節約、儉省和勤勞三種品質的標誌，這些品質正是一個家族未來興旺的最基本的條件。……對於上層階級的婦女來說，則有助於整頓家中的秩序和處理家庭事務——女主人要以身作則來爲家中奴婢樹立規範。換句話來說，對於婦女來說，從事符合她地位的體力勞動絕不是有失身份的。」

　　總之，士紳家訓中對於爲女之道，主要是從「德」的方面進行規範。從宏觀上來說，女德對於家庭、社會乃至國家有著積極重要作用；從微觀上來說，良好女德的培養既不會辱及娘家身份，也會在婚姻擇配時成爲重要的道德資本，還會對出嫁後襄助夫家，使其家風的永續，督導家人子女等起著很好的作用。

　　相對來說，明清士紳家訓中的爲女之道內容卻不夠豐富，可能女子自幼和親身父母生活在一起，他們之間有天然的感情，雙方關係比較融洽，家訓中對在室女子的規訓並不多。蕭群忠也認爲：「由於女子在出嫁前，其生活範圍被限定在家庭中，在家中又處於從屬地位，其與父母的矛盾衝突較少，與父母的關係多體現爲一種感情性，因而似乎更容易做到處於愛心的自然感情基礎上的敬，所以在這方面的教訓並不多。」〔註33〕

〔註32〕〔美〕曼素恩著：《綴珍錄——十八世紀及其前後的中國婦女》，江蘇人民出版社 2005 年版，第 204 頁。

〔註33〕蕭群忠：《孝與中國文化》，人民出版社 2001 年版，第 317～318 頁。

（二）為妻之道：舉案齊眉

出嫁是女子一生中最重要的大事，也是女子生活的一大轉變，是其人生轉折處。由於環境的改變與身份的轉換，出嫁的女子，由深閨中備受嬌寵的小姐，瞬間變為人妻、人婦，乃至人母。進入夫家後，要在原本不熟悉的新家中操持一切家務，要與原本不熟悉且無血緣關係的家庭建立和諧的人際關係。為了女子能夠將來在夫家勝任相應的角色，擔當起好妻子、好媳婦、好母親的角色，許多家訓專門針對初為人婦的妻子所寫，如清人陸圻著《新婦譜》、陳確著《新婦譜補》、查琪著《新婦譜補》等，均是為了女子能在婆家立穩腳跟，為女子將來的幸福而著書闡釋為妻、為婦之道。

出嫁後，女子離開原生家庭，嫁入夫家。無論這個家庭的組成是多麼簡單——也許公婆早逝，也許子女尚未出世，她可以不盡做媳婦的義務，暫時甚至永遠不做母親，但她必須而且肯定是要作妻子，夫妻關係就顯得非常重要，這是一個家庭得以存在的基礎。女訓非常強調為妻之道。雖有夫貴妻榮之說，也有妻賢夫安之論，妻子賢能與否，對家道的興衰成敗有至關重要的作用。

婚姻對於女子來說，不僅僅是組織一個新家庭，而且是女子加入到夫家的家庭體系，並為其家庭服務。對於女子來說，嫁入夫家，就意味著從結婚那一刻起，她就是一個特定家庭的兒媳，一個特定男人的妻子，嫁入一個家庭，就處於這個家庭家長權威之下，其權利和義務也相應地發生變化。

未嫁之前，雖也有女德的相關規範，但相應來說，女子在娘家是更自由的。她們「在父母膝下，性情自任。」〔註34〕一旦出嫁，一切就要以夫家為核心，要侍奉公婆、襄助夫婿，養育子女，和待親鄰等。為妻之道，品質是首要因素。「正室以論德不論才色，白頭相敬，家之祥也。」〔註35〕「居家之要，未有妻不賢，而能夫婦父子好合者也。」〔註36〕

具體來說，明清士紳認為妻子對於丈夫最重要的是要做到兩點：一是順從，二是襄助。

1.「貞女從夫，以順為正」

傳統社會中，夫妻關係並不是平等的，是男主女從、夫主妻從。《禮記》

〔註34〕　〔清〕史搢臣：《原體集》，〔清〕陳宏謀輯：《五種遺規・教女遺規》卷下。
〔註35〕　〔清〕蔣伊：《蔣氏家訓》，《叢書集成新編》第33卷，第213頁。
〔註36〕　〔明〕呂坤《閨範》卷1，〔清〕陳宏謀輯：《五種遺規・教女遺規》卷中。

中說：「男帥女，女從男，夫婦之義由此始也。」〔註37〕「婦人有三從之義，無專用之道，故未嫁從父，既嫁從夫，夫死從子。」〔註38〕這些都說明，女子出嫁之後，要以丈夫爲中心，自己則處於順從依附的地位。明清時期，深受理學的影響，「三從四德」、男主女從的倫理思想進一步佔據上風，這一時期家訓中對於女子出嫁後的夫妻關係大多主張妻子順從丈夫，要妻子「以順爲美」、以夫爲天，「貞女從夫，世稱和淑。事夫如天，倚爲鈞軸。」〔註39〕「三從四德，婦人常守」〔註40〕「公婆夫婿掌生死，心高氣傲那裏使」〔註41〕「夫者，天也，一生須守一敬字」〔註42〕「婦以順爲正」〔註43〕、「閨門之中，最難是一敬字，古人動云，夫婦相敬如賓。又曰，閨門之內，肅若朝廷，皆言敬也。此處能敬，便是眞工夫，眞學問，於齊家乎何有？」〔註44〕「婦以夫爲天，所仰望而終身者。好合則如鼓琴瑟，庭幃和樂，家道昌焉，夫婦反目，人倫之變，袵席化爲戈矛，禍患無所底止，故事夫不可學也。然則如止何而可？曰敬順無違，以盡婦道，甘苦同之，死生以之。」〔註45〕這些思想都反映出明清士紳在家訓中對理想妻子的期許是希望妻子要以丈夫爲中心，要時刻從物質上侍奉丈夫，從精神上順從丈夫、從心理上敬畏丈夫。美籍學者伊沛霞曾指出宋代的妻子是「全心全意接受社會性別差異，視自己的角色爲『內助』，她不僅小心翼翼不冒犯丈夫和公婆的特權，還做好任何需要做的家務事，使他們生活得更舒適。」〔註46〕這種妻子形象實際上也適合明清時期士紳家訓中對妻子角色的定位。

妻子具要怎樣做才算是順從、敬畏丈夫呢？陸圻建議：「一見丈夫，遠遠便須立起，若晏然坐大，此驕倨無禮之婦也。稍緩通語言後，則須尊稱之。……

〔註37〕《禮記·郊特性》。
〔註38〕《禮記·喪服》。
〔註39〕〔明〕龐尚鵬：《女誡》，《叢書集成新編》第 33 卷，第 195 頁。
〔註40〕〔明〕呂德勝：《女小兒語》，〔清〕陳宏謀輯：《五種遺規·教女遺規》卷中。
〔註41〕〔明〕呂德勝：《女小兒語》，〔清〕陳宏謀輯：《五種遺規·教女遺規》卷中。
〔註42〕〔清〕陸圻：《新婦譜》，《叢書集成續編》第 62 冊，第 44 頁。
〔註43〕〔清〕孫奇逢：《夫婦箴》，《古今圖書集成·明倫彙編·家範典》，第 84 卷，「夫婦部」。
〔註44〕〔清〕陸桴椁：《思辨錄》，〔清〕陳宏謀輯：《五種遺規·訓俗遺規》卷 2，1868年湖文書局刻板。
〔註45〕〔清〕藍鼎元：《女學》卷 1，《婦德篇上》，沈雲龍主編，《近代中國史料叢刊》續輯，第 41 輯，第 410 冊，第 7～8 頁。
〔註46〕〔美〕伊沛霞著，胡志宏譯：《內闈》，第 101 頁。

凡授食奉茗，必雙手恭敬，有舉案齊眉之風。未寒進衣，未饑進食。」〔註47〕
唐彪建議：「為婦者，必須憫夫勞役，軫夫飢寒，體恤隨順，方稱賢淑。家貧能
撫恤慰勞，尤征婦德。」〔註48〕陸圻甚至要求當丈夫做出典衣沽酒、縱談狹妓
等常人難以接受之事時，妻子也應順從，不得違拗，更遑論指責了：「凡少年喜
讀書者，必有奇情豪氣，猶非兒女子之所知，或登山臨水，憑高賦詩；或典衣
沽酒，翦燭論文；或縱談聚友；或座挾妓女，皆是才情之所寄，一須順適，不
得違拗。」〔註49〕因為丈夫乃「風雅之人，又加血氣未定」，所以「往往遊意娼
樓，置買婢妾」。但是，「只要他會讀書，會做文章，便是才子舉動，不足為累
也。」為妻者果真能做到，則「居家得縱意自如，出外不被人恥笑，丈夫感恩
無地矣。……若娶婢買妾，俱宜聽從，待之有禮，方稱賢淑。」〔註50〕

　　當然，明清士紳也主張丈夫要珍惜妻子的付出，善待妻子，夫妻和諧。
方孝孺曾說：「室家兩相好，如鼓琴與瑟。二親豈不歡，花木羅春陰。雖云一
樽酒，共酌還共斟。」〔註51〕方孝孺強調妻賢、婦德在家庭和睦中的重要作
用，他期望夫妻關係是琴瑟的關係，是共斟同酌、舉案齊眉的關係。清人張
履祥認為妻子離開娘家父母兄弟等親人，將終身託付給丈夫，與丈夫同甘共
苦，安危與共，更重要的是侍奉公婆，祭祀祖先，延續夫家香火，怎能不善
待呢？「婦之於夫，終身攸託，甘苦同之，安危與共，……捨父母兄弟，而
託終身於我，斯情亦可念也；事父母，奉祭祀，繼後世，更大者也……狎辱
可乎？」〔註52〕

　　相對來說，家訓中，主張丈夫是天，妻子「倚為鈞軸」，妻子敬順丈夫，
夫妻之間要體現出「君臣之嚴」、「父子之敬」，的思想居於主導地位。在此前
提下，為丈夫者也要善待妻子，雙方有「兄弟之道」、「朋友之義」，唯其如此，
才能家道正，家有福。

2. 同心協力，成德濟業

　　當代學者李卓指出：封建禮教一直注重婦女的賢與良，「賢妻」與「良母」
是社會與家庭對女性的最高要求。所謂賢妻，就是溫柔馴服，克己事夫，恪

〔註47〕　〔清〕陸圻：《新婦譜》，《叢書集成續編》第 62 冊，第 44 頁。
〔註48〕　〔清〕唐彪：《人生必讀書》，〔清〕陳宏謀輯：《五種遺規‧教女遺規》卷下。
〔註49〕　〔清〕陸圻：《新婦譜》，《叢書集成續編》第 62 冊，第 43～44 頁。
〔註50〕　〔清〕陸圻：《新婦譜》，《叢書集成續編》第 62 冊，第 44 頁。
〔註51〕　〔明〕方孝孺：《遜志齋集》卷 23，《勉學詩》。
〔註52〕　〔清〕張履祥：《楊園先生全集》卷 4，《訓子語》。

守三從四德，自覺爲丈夫奉獻一切的女人。〔註 53〕實際上，明清時期士紳之家訓中期待的妻子形象還包括「襄助丈夫」，這一內容甚至在家訓中被當做夫妻關係的首要內容而備受強調。

　　婦人賢良與否，與家道興衰，不無關係。《易》曰：「夫夫婦婦，而家道正，夫義婦順，家之福也。……刑於之化，不獨責之丈夫，而同心協德，亦有力焉。」〔註 54〕明清時期，士紳家庭理想妻子的形象是賢妻，妻子之賢惠，不僅表現在順從丈夫，更表現在襄助丈夫，以成就其學業、事業及協助丈夫治家、孝親、教子等，當好賢內助的角色。

　　相對來說，多數士紳之家都有一定的經濟實力，在正常情況下，需要妻子親自操持家務的事情並不多，甚至只需要妻子對家務進行宏觀管理，他們更多的是希望爲妻者能夠在品德修養、事業創建、齊家治國等方面輔助丈夫。「愛夫以正者也。成其德，濟其業，恤其患難，皆正之謂也。」〔註 55〕真正賢惠的妻子，是要對丈夫進行德業相勸者，是要襄助丈夫成就德業，並能與丈夫患難與共者。

　　一般情況下，儒家思想均不主張女性掌握家中大權，反對妻子「與聞外事」，認爲這是家道敗落的開始。明清士紳家訓中依然貫徹這一思想：「女子……不得操夫之權，獨秉家政，及預聞戶外事。」〔註 56〕但對於妻子勸勉丈夫，幫助其進德修業，卻持贊成的積極態度。他們主張當丈夫不思進取時，爲妻者要擔當起朋友般的勸勉責任：「夫不成人，勸救須早，萬語千言，要他學好。相敬如賓，相成如友，媟狎謔戲，夫婦之愧。」〔註 57〕

　　爲妻者勸勉丈夫進德，首要之德就是要勸夫孝敬父母：「新婦不唯自己要盡孝道，尤當勸夫盡孝。勿恃父母之愛，而稍弛孝敬之心，語云：『孝衰於妻子』。此言殊可痛心，今入門以勸夫孝爲第一，要使丈夫蹤跡常密於父母而疏於己身，俾夫之孝德倍篤於往時，乃見新婦之賢。若丈夫小有違言，公姑不快，便當脫簪待罪，曰：此由婦之不德，致使吾夫有二心於公姑，非獨丈夫

〔註 53〕 李卓：《中日家族制度比較研究》，第 442 頁。
〔註 54〕 〔明〕呂坤：《閨範》，〔清〕陳宏謀輯：《五種遺規・教女遺規》卷中。
〔註 55〕 〔明〕呂坤：《閨範》，〔清〕陳宏謀輯：《五種遺規・教女遺規》卷中。
〔註 56〕 〔清〕蔣伊：《蔣氏家訓》，《叢書集成新編》第 33 卷，第 213 頁。
〔註 57〕 〔明〕呂德勝：《女小兒語・四言》，〔清〕陳宏謀輯：《五種遺規・教女遺規》卷中。

之罪也，必令丈夫該過盡孝而後已。」〔註58〕丈夫新婚之後，因感情的轉移，可能與妻子相處的時間多於和父母親相處的時間，這時爲妻者要勸勉丈夫「蹤跡常密於父母而疏於己身」；當丈夫致使公姑不快時，要代夫謝罪。此外，和待家人，也是勸勉丈夫進德的又一主要內容：「媳婦之善相其夫者，第一要丈夫友愛，世之兄弟不友愛者，其源多起於姊娌不和，丈夫各聽婦言，遂成參商，此大患也。爲媳婦者，善處姊娌，惟在禮文遜讓，言語謙謹，有勞代之，有物分之，公姑見責，多方解勸，要緊之物，先事指點，則彼自感德，姊娌輯睦矣。」〔註59〕此外，還有可能出現丈夫因嫖賭，而使家道中落，甚至「致賣祖宗基業」者，這時，「新婦苦諫，作家堅守田產」，此類妻子「尤稱哲慧」。〔註60〕

《禮記》中指出爲妻者對丈夫應有「規過成德」〔註61〕的責任。當丈夫事業處於低谷，人生處於逆境時，陸圻建議，妻子要對丈夫在心理上起調適作用，不要感慨、譏誚、吵嚷，徒增抑鬱與激憤；要好言相勸，對丈夫進行心理舒解：「丈夫或一時未達，此不得意之以歲計者也。或一事小拂，此不得意之以日計者也，爲妻者，宜爲好語勸諭之，勿增慨歎，以助鬱抑。勿加誚嚷，以致憤激。但當愉愉熙熙，云吾夫自有好日，自有人諒。方爲賢妻如對良友也。其或一時缺乏，竭力典質措辦，勿待其言，毋令其知。」〔註62〕

同樣，當丈夫人生得意時，也要勸誡丈夫，不要得意忘形，忘忽所以，要淡泊名利、厚待親友：「既達，有得意處，要戒勉之，淡其榮利之心，且常常想未遇時，回頭是岸。……唯恤親友之貧，待下人之慈，救人急難，解人冤抑，蔥茉轎夫舟子輩，價值略寬，等頭銀水好看些，此眞修行也。」〔註63〕

明清時期，傳記文體的家訓裏，樂羊子妻是一個助夫成業的典範，她的事跡屢屢被稱頌：

> 樂羊子妻，不知何氏女。羊子嘗行路，得遺金一餅。與其妻，妻曰：「妾聞志士不飮盜泉之水，廉者不受嗟來之食，況拾金以污其行乎？」羊子大慚，乃捐於野。嘗遠尋師，學一年，來歸。妻跪問

〔註58〕〔清〕陳確：《新婦譜補》，《叢書集成續編》第 62 冊，第 57 頁。
〔註59〕〔清〕唐彪：《人生必讀書》，〔清〕陳宏謀輯：《五種遺規・教女遺規》卷下。
〔註60〕〔清〕陸圻：《新婦譜》，《叢書集成續編》第 62 冊，第 44 頁。
〔註61〕《禮記・郊特牲》。
〔註62〕〔清〕陸圻：《新婦譜》，《叢書集成續編》第 62 冊，第 44 頁。
〔註63〕〔清〕陸圻：《新婦譜》，《叢書集成續編》第 62 冊，第 45 頁。

故，羊子曰：「久行懷思，無他意也。」妻乃引刀就機而言曰：「此織生自蠶繭，成於機杼，一絲之累，以至於寸，累寸不已，遂成丈匹。今若斷斯織也，則捐成功，廢時月。夫子積學，當日有成。若中道而歸，何異斷斯織乎？」羊子感其言，還就學，七年不返。妻躬勤養姑，又遠饋羊子。俾之卒業。嘗有盜入其家，欲犯之，不得，乃劫其姑。妻聞，操刀而出。盜曰：「速從我，不從，我殺汝姑。」妻仰天慟哭，舉刀刎頸而死。盜大慚，捨其姑而去，太守聞之，賜錢帛，以禮葬之，號曰「貞義」。〔註64〕

樂羊子妻的賢惠之處，表現在以下幾方面：第一，助夫修德。當丈夫樂羊子拾得遺金一餅後，其妻以「志士」、「廉者」來曉諭丈夫，勸勉丈夫修成美德。第二，助夫進業。當丈夫因思念家人而放棄學業時，妻子以織布作比喻，希望丈夫能夠了悟，學習不要半途而廢，樂羊子最後也積學七年不歸，學業有成。第三，勤勞持家。其妻親自勞動，侍奉翁姑，解除羊子的後顧之憂，使其能夠安心讀書。第四，捨身成貞。行將受辱時，她捨身成貞，保身全義，成就美名。正是這四點，使得樂羊子妻成為賢妻典範，被廣為傳誦。尤其是在士紳之家，更需要這樣襄助丈夫，幫助丈夫成德進業，並能夠操持家務、孝敬翁姑，使丈夫免去後顧之憂的賢惠妻子，所以，身兼多種美德的樂羊子妻受到士紳家訓的青睞。對此，呂坤的評價是「遺金不受，臨財之義也；樂守寂寥，愛夫之正也；甘心自殺，處變之權也。」〔註65〕

勸夫修業的女性在時人的其它著述中也可以找到印證，如《清稗類鈔》中介紹了這樣一位女性：「全椒吳山尊學士鼐，孫淵如妹婿也。淵如以乾隆丁未榜眼及第，山尊仍上計車，夫人孫氏贈行詩曰：『小語臨歧記可真，回頭仍怕阿兄嗔。看花遲早尋常事，莫作蓬萊第二人。』遂以是科通籍入翰林。山尊不喜治舉子業，孫氏常規之。」〔註66〕不喜治舉子之業的丈夫，最終能夠入翰林，乃妻孫氏的規勸之功不可小覷。

雖然一般士紳的妻子不會為家庭衣食用度發愁，也可能在這方面並不需要花費太多的時間，但作為下層士紳，當他們家用不豐，祖上沒有遺留下錢財，而士紳本人或尚未作官，或致仕在家。再有，明清鼎革之際，一批遺民

〔註64〕 〔明〕呂坤：《閨範》，〔清〕陳宏謀輯：《五種遺規·教女遺規》卷中。
〔註65〕 〔明〕呂坤：《閨範》，〔清〕陳宏謀輯：《五種遺規·教女遺規》卷中。
〔註66〕 〔清〕徐珂：《清稗類鈔》，第 3 冊，第 1530 頁。

士紳不仕新朝，這些家庭的生計就成了大問題，這時，他們妻子的責任就更爲重大，她們不僅要對丈夫德業相勸，侍奉翁姑，養育子女，而且可能還爲生計而操心、操勞，這種美德也是被讚賞和期許的。如明代遺民陳確就曾經讚許其妻「能晝夜力作以供其乏」，〔註67〕並不無愧疚地感慨：「子爲吾衣食，吾不知。遂積憂勞而有此病也。」〔註68〕

實際上，明清士紳理想的妻子形象不是被動的、呆板的，而是積極主動的。她必須聰明能幹、識大局、足智多謀、精力充沛，尤其是當丈夫陷入迷途時，妻子能夠及時點撥，使丈夫迷途知返；當丈夫面臨選擇而優柔寡斷時，需要妻子及時指點迷津，使丈夫茅塞頓開。而身處科舉鼎盛的明清時期，士紳家庭的妻子重要的品德之一就是不但能「總理家政」，使丈夫「倚之如左右手」，〔註69〕而且能夠對丈夫進行德業相勸，最終使丈夫成爲德業兼備之人。作爲妻子，她需以丈夫的人生目標爲目標，她會因勝任和高效而受到他人的誇獎和尊重。

（三）為婦之道：「唯孝為尊，勤儉為本」

成年後的士紳，要麼外出讀書求學，要麼出外作官仕宦，要麼爲治生而奔波在外，總之，他們待在家中的時間極爲有限，這就要求妻子能代替他們挑起家庭重任。「父母爲子娶婦原爲上接宗傳，下延支派；兼之待孝養於暮年，留悲思於身後耳。」〔註70〕除了傳宗接代，媳婦還有一個重要作用就是孝養翁姑，怎樣與同自己沒有血緣關係的長輩和睦相處，怎樣孝順翁姑，使出門在外的丈夫能夠免去後顧之憂，也成爲家訓中強調的爲婦之道的重點。「萬善百行，唯孝爲尊，故孝婦先焉。」〔註71〕「婦女以柔順爲德，以貞烈爲行，且不可自輕其身，以貽父母之壽。」〔註72〕「爲新婦者，一以順從爲正，如略懷斟酌，則失之遠矣。」〔註73〕他們強調媳婦孝順所發揮的作用有時甚至

〔註67〕〔清〕陳確：《陳確集》，第 280 頁

〔註68〕〔清〕陳確：《陳確集》，第 313 頁。

〔註69〕〔清〕張廷玉著：《張廷玉年譜》卷1，中華書局 1992 年版，第 5 頁。

〔註70〕〔清〕景暹：《景氏家訓》，《課子隨筆鈔》卷5，《叢書集成續編》第 61 卷，第 90 頁。

〔註71〕〔明〕呂坤：《閨範·婦人之道》，〔清〕陳宏謀輯：《五種遺規·教女遺規》卷中。

〔註72〕〔明〕曹端：《曹月川集·雜著·家規輯略》，影印文淵閣四庫全書本。

〔註73〕〔清〕陸圻：《新婦譜》，《叢書集成續編》第 62 冊，第 43 頁。

超過丈夫：「子之孝不如率婦以爲孝，婦能養親者也。朝夕不離，潔奉甘旨，而親心悅，故舅姑得一孝婦，勝得一孝子。」〔註74〕

「如何孝事父母，無非還是養、敬、祭，在養的問題上，似乎男子和女子所承擔的義務著重點不同，在家有男丁的情況下，從物質上供養父母所謂養家糊口之責任重在男子，而女子之孝養重在對父母生活起居的侍候、服勞。」〔註75〕爲媳婦者到底如何孝順翁姑呢？具體來說，媳婦對翁姑的孝順主要表現在服勞奉養上能夠先意承志、敬順翁姑，在家務操持上能夠勤儉持家。

1. 敬順翁姑

翁姑與媳婦之間沒有天生的恩情，他們之間更多的是道義上的責任。從道義上講，作爲媳婦要將翁姑當親身父母一樣看待。媳婦和翁姑之間更多的是倫理責任，而少的是血緣恩情，「婆與媳雖如母子，然母子以情勝，婆媳則重在禮焉。」〔註76〕在此情況下，實現無主體情感驅動的外在倫理責任，其中一個辦法就是依賴曲從，儘量做到要像在娘家對待爺娘一樣孝順翁姑：「孝順公婆，比如爺娘，隨他寬窄，不要怨傷。」〔註77〕孝順翁姑甚至還要更盡心：「視姑當如視母，則孝心油然而生，方從性命中流出，不是體面好看，但事姑事母，作用微有不同，母可盡情，姑須曲體。凡事姑，須在姑未言處，體貼奉行，若姑一出口，爲婦者便有三分不是，蓋姑不得已而發於言，原欲媳之默喻，此姑之慈也。與母之開口便說，正自迥異。」〔註78〕如果說孝母情多於理的話，那麼孝姑則理多於情。當孝順翁姑與孝順父母發生衝突時，要像盡忠與盡孝不能兩全時的取捨一樣，要捨孝盡忠，捨血緣親情，取倫理道義。如果因孝順公婆贏得美名，這種精神上的讚譽實際上也是一種變相的對娘家父母的孝順。「有等新婦，不能孝姑，而偏欲孝母，此正是不能孝母也。事姑未孝，必貽所生以怨名，可謂孝乎？蓋女子在家，以母爲重，出嫁以姑爲重也。譬如讀書出仕，勞於王事，不遑將母，死於王事，不遑奉母，蓋忠孝難兩全。全忠不能盡孝，猶事姑不能事母也。今若新婦必欲盡孝於父母，亦有方略，先須從孝公姑敬丈夫做起。」〔註79〕

〔註74〕 〔清〕王朗川：《言行彙纂》，〔清〕陳宏謀輯：《五種遺規・教女遺規》卷下。
〔註75〕 蕭群忠：《孝與中國文化》，第 317 頁。
〔註76〕 〔清〕唐彪：《人生必讀書》，〔清〕陳宏謀輯：《五種遺規・教女遺規》卷下。
〔註77〕 〔明〕呂得勝：《女小兒語》，〔清〕陳宏謀輯：《五種遺規・教女遺規》卷中。
〔註78〕 〔清〕陸圻：《新婦譜》，《叢書集成續編》第 62 冊，第 43 頁。
〔註79〕 〔清〕陸圻：《新婦譜》，《叢書集成續編》第 62 冊，第 45～46 頁。

「事父母與事舅姑從道理上講，是一樣的，但在實踐中則是有很大差異的。父母是自己生命之所出，父母又有養育之恩，自然是情感多於理性，而公婆則是因有與丈夫的婚姻關係後才有的倫理關係，自然是理性多於情感。」〔註80〕明清士紳要求妻子孝敬翁姑主要表現在以下幾個方面：

第一，最基本的要求是要噓寒問暖、不離左右，「養則致其樂」。「新婦事姑，不可時刻離左右，姑未冷，先進衣；未饑，先進食；姑慍亦慍，姑喜亦喜，姑有怒，婦寬之，有大怒，則婦亦怒；姑有憂，婦解之，如大憂，則婦亦憂矣。如姑有責備新婦處，只認自不是，不必多辯，罵也上前，打也上前，陪奉笑顏，把搔背癢，無非要得其歡心，彼事君者，尚曰，媚於一人。況婦事姑乎？非是諂曲，道當然也。」〔註81〕「新婦於公姑未起前，先須早起梳洗，要快捷不可遲鈍，俟公姑一起身，即往問安萬福，至三食須自手整理，不可高坐，聽眾婢為之。至臨吃時，則須早立在旁，侍坐同吃，萬不可要人呼喚，阿姑等待不來，胸中必不快也，就有小恙，還須勉強走起，若高臥不來，阿姑令人搬湯運食，又費一番心曲矣。晚上如翁在家，即請早退歸房，靜靜作女工，不宜睡太早，如翁不在家，直候姑睡後，安置歸房。」〔註82〕為媳婦者，要早起晚睡，要多做少歇，要考慮周詳，時時處處為翁姑著想。最重要的是要常存孝順之心，使翁姑身心舒適即可，並非一定要奉獻錦衣玉食。「甘旨之奉，不在多，而在意之誠。隨時可盡，隨地可盡。如貧家之女，必欲珍窮水陸，此斷不能之勢也，但逢時新諸品，俱要用心探聽，最初第一二日，即可買之。其葷腥仍手烹，待公姑午膳晚膳時以進，不則作家之人，又不捨吃矣。其平時只要對象可口，便是甘旨。……蓋事雖小，物雖微，而見人之真也。」〔註83〕「平常之家，安能常得甘旨，以供姑舅？然亦有法也。只要諸物烹炮得訣，務令適口，便是甘旨，若遣人辦買，必囑咐擇其最佳者方買之，此即孝順妙法也。」〔註84〕

第二，在舉止方面要小心謹慎，不觸犯翁姑，不私藏物品，唯翁姑是從，「居則致其敬」。「事公姑不敢伸眉，待丈夫不敢使氣，遇下人不妄呵罵，一味小心謹慎，則公姑丈夫皆喜，有言必聽，婢僕皆愛而敬之，凡有使令，莫

〔註80〕蕭群忠：《孝與中國文化》，第318～319頁。
〔註81〕〔清〕陸圻：《新婦譜》，《叢書集成續編》第62冊，第43頁。
〔註82〕〔清〕陸圻：《新婦譜》，《叢書集成續編》第62冊，第42頁。
〔註83〕〔清〕陸圻：《新婦譜》，《叢書集成續編》第62冊，第42頁。
〔註84〕〔清〕唐彪：《人生必讀書》，〔清〕陳宏謀輯：《五種遺規・教女遺規》卷下。

不悅從，而宗族鄉黨，動皆稱舉以為法。」〔註85〕當婆媳關係出現矛盾時，「只怨自家有不是，休怨公婆難服事。」〔註 86〕當媳婦有錯而受到譴責時，要欣然接受，不得橫爭是非。「媳婦偶然有失，公姑丈夫譴責，當欣然受之，云媳婦不是，自此當改，則不惟前過無害，即此便增一善矣。若橫爭我是，得罪公姑，得罪丈夫，是一小過未完，又增一大罪也。」〔註 87〕尊敬翁姑還表現在做事不擅自主張，要多與公婆商量。「事無大小，休自主張，公婆稟問，丈夫商量。」〔註 88〕

敬順翁姑的又一表現形式就是不能私有物品。早在《禮記》中就有「子婦無私貨，無私諸畜，無私器，不敢私假，不敢私與」〔註 89〕的內容，明清士紳在家訓中繼承這一傳統，指出媳婦孝順的表現形式之一就是不私藏物品。即使是自己的陪嫁物品，也最好拿出來交給公婆安排，當家裏有應急事情急需錢財時，能夠將陪嫁物品甚至身上飾物拿出變賣，應急，這才是真正的孝順與賢良。「凡阿翁丈夫，有親友倉卒忽到，要留酒食，而銀錢偶乏，及要慶弔諸儀，而資財歐竭，新婦知之，即宜脫簪珥、典衣服，不待公姑開言，方為先意承志。新婦或係貧家之女，奩無可發，然常存此心，即布衣可質。髮膚可截也。至一二贈嫁器皿，即當公用，不問全毀，若小有愛惜之語，即屬吝嗇，即傷公姑之心，即為下人姍笑，以故公姑有寧貸鄰家，而不敢問新婦者，彼塵封不用，又保無水火盜賊之虞乎？」〔註 90〕親友贈送的物品，也要交給公婆，聽其安排，任其處理，不能有絲毫怨言與不滿。「凡內外親戚，饋遺於新婦，應受應辭，一須秉命於姑，姑命受之，則受而獻之於姑，如姑云：汝可收去。必辭云：婆婆收用。仍藏姑之櫥櫃中。犒便多寡，俱應請教於姑。」〔註 91〕而對於公婆的私物則儘量少沾染。「凡婆之衣服器具，銀錢酒食，俱不可擅動，婆在房中，開箱看首飾與衣服，或與姑娘小叔密語，俱宜退步，惟命之前，始進，又凡有好物好衣，婆欲與姑者，不妨贊同之。」〔註 92〕

〔註 85〕〔清〕陸圻：《新婦譜》，《叢書集成續編》第 62 冊，第 41 頁。
〔註 86〕〔清〕陸圻：《新婦譜》，《叢書集成續編》第 62 冊，第 41 頁。
〔註 87〕〔清〕唐彪：《人生必讀書》，〔清〕陳宏謀輯：《五種遺規·教女遺規》卷下。
〔註 88〕〔明〕呂德勝：《女小兒語》，〔清〕陳宏謀輯：《五種遺規·教女遺規》卷中。
〔註 89〕《禮記·內則》。
〔註 90〕〔清〕陸圻：《新婦譜》，《叢書集成續編》第 62 冊，第 41 頁。
〔註 91〕〔清〕陸圻：《新婦譜》，《叢書集成續編》第 62 冊，第 42 頁。
〔註 92〕〔清〕唐彪：《人生必讀書》，〔清〕陳宏謀輯：《五種遺規·教女遺規》卷下。

　　當面孝順容易做到，而能夠對翁姑做到背後也一如繼往地孝順，則屬不易。「新婦當面孝順易，背後孝順難，背後孝順，全在語言中檢點，起念處眞實，如在母家，必思姑家某事未完，恐其勞苦，或今日天寒，不知姑添衣否，念茲在茲。所謂起念處眞實，不是當面好看也，人如在母家親戚、夫家親戚之前，及在自己房中，凡有言語，必稱公姑丈夫之德，云，待我好，只是我不曾孝順。輾轉相聞，不欺背面，不愧暗室，豈非眞孝順乎？若略有一言怨望，內戚傳聞，公姑丈夫不喜，當面好處落空矣。此所謂語言中檢點也。」〔註93〕「婦與姑之最易失歡心者，背後之言語；最易得歡心者，亦背後之言語。如在母家親戚夫家親戚之前，及在自己房中，凡有言語，必稱公姑之德，多蒙優待，只是我不能孝順。輾轉相聞，公姑豈不大喜乎？若略有一言怨望，公姑聞之，心必不喜，連當面好處落空矣。雖然，言語之謹肆，發語念頭之眞假，未有孝順之心不眞，而言語能檢點者也。」〔註94〕

　　在傳統社會裏，男女有別，除夫妻之外，婦女與其它男子的關係都應把握相應的度，不宜過之。那麼，兒媳既要對公公盡孝，又要嚴防男女之別，該如何處理呢？士紳們強調要「體心」。「新婦於翁，殊難爲孝，蓋中人之產，既有婢僕，則新婦謁見有時，無須執役，但當體翁之心，不須以向前親密爲孝也。何謂體心，如翁好客，則治酒茗必虔，翁望子成名，則勤勸丈夫成學爲急。如此之類，體而行之，自可視無形而聽無聲也。至爲翁洗濯器皿，及守藥爐酒鐺，可躬執其任。勿使婢操作，亦見服勤之意，或體小不安，不妨數對公定省之，一日十數問候，不多也。」〔註95〕「愉色婉容是事親最要緊處，男子且然，況婦人乎？但事公姑丈夫之色，稍有不同。事姑事夫，和而敬；事翁，肅而敬……」〔註96〕媳婦對於翁公的孝順，與對於公婆的親密相比，大異其趣，對於翁公要以體念其心意爲主，猜測翁公有何想法，並儘量幫其實現，這就是孝順翁公的最好表現。

　　因爲翁姑與自己沒有血緣關係，對翁姑的倫理責任多於恩情回報，這種沒有情感的倫理責任完成起來難度更大，所以爲達目的，明清士紳在家訓中勸誡媳婦孝順翁姑甚至有不擇手段的意味，他們要求媳婦要曲從，曲待。「新

〔註93〕〔清〕陸圻：《新婦譜》，叢書集成續編第62冊，第43～44頁。
〔註94〕〔清〕唐彪：《人生必讀書》，〔清〕陳宏謀輯：《五種遺規・教女遺規》卷下。
〔註95〕〔清〕陸圻：《新婦譜》，《叢書集成續編》第62冊，第43頁。
〔註96〕〔清〕陸圻：《新婦譜》，《叢書集成續編》第62冊，第41頁。

婦之倚以爲天者，公姑丈夫三人而已。故待三人，必須曲得其歡心，不可纖
毫觸惱。若公姑不喜，丈夫不悅，則鄉黨謂之不賢，而奴婢皆得而欺凌我矣，
從此說話沒人聽矣，凡事行不去矣，故婦之善事公姑丈夫也，非止爲賢舉孝
也，以遠辱也。」〔註 97〕理性多於感性，責任多於情感。如果侍奉自己親身
父母，既有天熱的血緣親情，又有後天自幼朝夕相處，培養出眞正的情感，
自然無需曲從，而得歡心，似乎是自然而然的過程。爲何媳婦對待公婆，即
使是曲從，也要得其歡心呢？我們可以從班昭的《女誡》那裏找到答案：「夫
得意一人，是謂永畢；失意一人，是謂永訖。欲人定志專心之言也。舅姑之
心，豈當可失哉？物有以恩自離者，亦有以義自破者也。夫雖云愛，舅姑云
非，此所謂以義自破者也。然則舅姑之心奈何？固莫尚於曲從矣。固《女憲》
日：『婦如影響，焉不可賞。』」〔註 98〕因爲夫妻離散的可能，既有「恩斷」
也有「義絕」的情況，恩斷是指與丈夫的關係不好而導致離異，而義絕則與
公婆有關了，所以與丈夫恩愛固然重要，但與公婆的關係也須融洽，其融洽
的法寶就是「曲從」，兒媳在公婆面前千萬不能爭論是非曲直，「從令」和「順
從」是爲媳之道的上策，其關係正如影子和回聲的關係那樣時刻不離左右。

2. 勤儉治家

明清時期，除了少數下層士紳生活無著落外，一般士紳家庭是不需要家
中婦女親理中饋的。但是，這並不意味著士紳家庭的媳婦可以不學中饋、紡
織等技術，可以不入廚房。果眞如此，她們就「不可以治家」〔註 99〕。因爲
主婦的職責就是「職在中饋，烹飪必親，米鹽必課。」她們應該「勿離爨下……
躬習紡織。」〔註 100〕正常情況下，媳婦熟悉這些基本技能，可以很好地管理
家中奴僕，更好地治理家庭。而且一旦發生變故時，這些基本技能不但能有
助於婦女本人度過難關，甚至也可以幫助家中老小克服困難。所以，明清士
紳之家，無論家境如何，家中的女性對於家務並不能等閒視之，至少要起到
宏觀指導與管理作用，至於親自主理，更是受到士紳們的期待：「婦主中饋，
皆當躬親爲之，凡朝夕柴米蔬菜，逐一磨算稽查，無令太過、不及，若坐受
豢養，是以犬豕自待，而敗吾家也。」〔註 101〕

〔註 97〕〔清〕陸圻：《新婦譜》，《叢書集成續編》第 62 冊，第 41 頁
〔註 98〕〔漢〕班昭：《女誡・曲從》，影印文淵閣四庫全書本。
〔註 99〕〔明〕溫璜輯：《溫氏母訓》，《叢書集成新編》第 33 卷，第 205 頁。
〔註 100〕〔明〕許雲村：《許氏貽謀四則》，續修四庫全書本。
〔註 101〕〔明〕龐尚鵬：《龐氏家訓》，《叢書集成新編》第 33 卷，第 193 頁。

　　不但要親理家務，媳婦還要注意理家方法的合理性，要做到統籌安排，前後兼顧。「凡家裏要做事務，並須及早趕完，蓋先時則暇豫，後時則忙促，忙促則難爲力，暇豫則易爲功。先之勞之，爲國之經，亦治家之經也。無事切勿妄用一文，凡物須留贏餘，以待不時之須，隨手用盡，俗語所謂眼前花，此大病也。家雖富厚，常要守分，甘淡泊，喜布素，見世間珍貴錦繡及一切新奇美好之物，若不干我事，方是有識見婦人。」〔註102〕家境貧困，固然應當節儉，使錢財留有盈餘，以備不時之需；家境富裕，同樣要自甘淡泊，布衣素食。況且家庭生活全靠婦人操持，居家生活是一個長期持久的過程，家庭主婦如果精打細算，考慮周詳，省吃儉用，不但家道會長久地保持昌盛，而且會受到他人的讚賞，反之，若不會精打細算，考慮不夠周詳，遭人恥笑事小，嚴重的會致使家道中落。因此，操持家務，管理一家日常開銷，最重要的原則是要講勤儉。勤與儉是一體兩面的關係，二者缺一不可。高貴之人勤勞，會起到以身爲教、率先垂範的作用；富有之人節儉，則會因儉約而致使家道豐隆。「勤而不儉，枉勞其身，儉而不勤，甘受其苦。儉以益勤之有餘，勤以補儉之不足。若夫貴而能勤，則身勞而教以成；富而能儉，則守約而家日興。」〔註103〕爲做到節儉，必須懂得「一斗珍珠，不如升米，織金妝花，再難拆洗」〔註104〕的道理，即使「家累千金，毋忘饘粥。雖有千倉，毋輕半菽。」〔註105〕況且，「假若八口之家，能勤能儉，得十口貲糧；六口之家，能勤能儉，得八口貲糧，便有二分餘剩，何等寬舒，何等康泰！」〔註106〕

　　勤儉不僅是一種良好的品德，而且還會給家庭帶來福祉：「愛惜物力，閨閫之美行也。苟富且貴，而驕奢淫逸，終趨覆之，則恭儉不可不學也。凡人一生之福澤，皆有天限，宜自加珍惜，常留有餘不盡之意，貴而能下，則人不憎，富而有節，則財不匱，禮法以持躬，淡泊以明志，非惟養德，福亦裕矣。」〔註107〕貪懶好閒是受人指責的。「勤儉乃治家之本，爲讀書人婦，尤當講究。每見人家丈夫，資稟絕勝，往往其妻好佚妄用，家計日落，時不勝內

〔註102〕〔清〕陳確：《新婦譜補》，《叢書集成續編》第62冊，第58頁。
〔註103〕〔清〕王相輯：《女子四書讀本》，《女範捷錄》。
〔註104〕〔明〕呂德勝：《女小兒語》，〔清〕陳宏謀輯：《五種遺規·教女遺規》卷中。
〔註105〕〔明〕龐尚鵬：《龐氏家訓·女誡》，《叢書集成新編》，第33卷，第195頁。
〔註106〕〔溫璜〕：《溫氏母訓》，《叢書集成新編》第33卷，第204頁。
〔註107〕〔清〕藍鼎元：《女學》卷1，《婦德篇上》，沈雲龍主編：《近代中國史料叢刊續輯》，第41輯，第410冊，第76～77頁。

顧之憂，並學業亦費者有之。語云：『家貧思賢妻』，此至言也。內外之事，並須細心綜理，寬而不弛，方合中道。雖新婦無預外事，而今日房中之人，則他日受代當家之人，故須預習勤儉。爲新婦貪懶好閒，多費妄用，養成習氣，異日一時難變矣。」〔註108〕對於家庭主婦來說，節儉還表現在衣著的樸素，不事華麗。「婦人衣服，宜安本分，富而奢侈，服飾犯分，大不可也。況眾人同處，而我一人衣飾獨異，爲眾所指目。小家之婦，欣欣自榮；大家之婦，心必不自安也。」〔註109〕

僅有勤儉而不注意收拾料理，還不算眞正的勤儉，勤儉與收拾料理是相輔相成缺一不可的。「凡物要有收拾，凡事要有料理，此又是勤儉中最吃緊工夫。苟無收拾沒料理，縱使極勤極儉，其實與不勤儉同，正如讀書人，只讀死書，了無用處也。但所謂收拾料理之法，亦非言說可盡，皆在新婦自己心上做出，唯用意深詳者爲得之，蓋凡事虛心訪求，只管要好，便有無窮學問，雖如日月飲食，煮粥煮飯，至庸至易，愚不肖咸與知能，苟求其至，亦自有精細工夫，況進而上之？道理原自無窮，而可魯莽滅裂乎？亦如讀書人，作文愈造愈妙，更無底止。新婦唯能不自是，而處處用心，則做人作家，俱臻上乘矣。」〔註110〕收拾料理的方法就如同讀書作文一樣，要用心做，要精益求精，唯其如此，才能夠臻於完善。

此外，媳婦的賢能還表現在招待親友方面，接待事先約好的親友，運籌帷幄，悉心料理，準備豐盛的酒食，相對來說是一件較容易的事情；但也有事先沒有預約不期而至的不速之客，接待這類客人就得考驗媳婦的水平了。手腳勤快、料理酒食、親力而爲的主婦形象是士紳家訓中對媳婦的期待。「凡親友一到，即起身親理茶盞，拭碗拭盤，撮茶葉，點茶果，俱宜輕快，勿使外聞，並不可一委之群婢，蓋新婦之職，原須必躬必親，不宜叉手高坐，且恐群婢不乘姑意，姑或懊惱，而見卑幼不起代勞，是一娶一阿婆也。」〔註111〕唐彪也建議：「婦必有不可辭之職分，又有不可緩之行事，客一到門，則茶盅酒杯，肴饌羹碟，俱宜料理，不可委之群婢，更宜速快，遲則恐客不及等待，蓋媳婦之職，原須必躬必親，辛勤代勞，苟叉手高坐，便是最不賢之婦。」〔註112〕總而言之，「新

〔註108〕 〔清〕陳確：《新婦譜補》，《叢書集成續編》第 62 冊，第 58 頁。
〔註109〕 〔清〕唐彪：《人生必讀書》，〔清〕陳宏謀輯：《五種遺規‧教女遺規》卷下。
〔註110〕 〔清〕陳確：《新婦譜補》，《叢書集成續編》第 62 冊，第 58 頁。
〔註111〕 〔清〕陳確：《新婦譜補》，《叢書集成續編》第 62 冊，第 41 頁。
〔註112〕 〔清〕唐彪：《人生必讀書》，〔清〕陳宏謀輯：《五種遺規‧教女遺規》卷下。

婦只宜隨順做去，不須措意也。」〔註113〕

（四）為母之道：「胎養子孫，以漸化育」

在以男性為中心的傳統男權社會，女性的身份局限於家庭角色：未嫁為女，既嫁為妻，生子為母。男人社會希望女性成為好妻子與好母親，故對妻職與母職的要求與規範也隨之產生，形成了賢母、良妻等概念。〔註114〕這一概念一直沿用到封建社會的末期——明清時期。明清時期士紳家訓中對於母親的賢良期待主要表現在生養與教育子女方面。

傳統社會把「無後」視為不孝的第一表現，居於「七出」之列。對已婚女子來說，生育子女是極為重要的事情，即使不能生育，也要領養子女，傳續香火，否則就會被休掉。生養子女是已婚婦女的人生必經的重要階段，但尚屬初級階段，因士紳家庭還指望子孫日後能夠保守家業、光前裕後、揚名顯親，這一切都要看子孫賢能與否，而子孫賢能與否「只在個教與不教上起根」。〔註115〕

隨著經濟的商業化，階層間流動的可能性加大，男性間的差異——奴僕和自由人之間，學者、商人和農民之間，富人和窮人之間——界限越來越模糊，身份變化愈來愈快。越來越多的家庭渴望顯達，希望孩子能受到良好的教育並參加科舉考試，能夠購買良田，建立家族的血統聯盟，收集奇珍異寶，聚斂婦女。然而，精英男子的理想是擁有那些金錢買不到的品質——博學且堅定的道德意志，他們以其自身的儒雅和自控力這些素養而區別於他人。……身體實踐——如何站立、如此站立時應該如何感覺、什麼時候移動、向誰移動——是獲得儀禮能力和理解的基礎，也影響著倫理道德的習得、知識的學習，同樣是中華帝國後期君子的其它標誌。〔註116〕士紳家庭中，母親就是第一個向子女傳授這些禮儀的人。

1. 養育子女

從養育的順序來說，首當其衝是胎教。胎教的思想，古已有之，明人呂坤的《閨範》中收錄有古人有關胎教的較早記錄：「古者婦人妊子，寢不側，坐不邊，立不蹕，不食邪味。割不正不食，席不正不坐。目不視邪色，耳不聽淫聲。

〔註113〕〔清〕陸圻：《新婦譜》，《叢書集成續編》第 62 冊，第 41 頁。
〔註114〕李卓：《中日家族制度比較研究》，第 441 頁。
〔註115〕〔清〕石成金：《傳家寶》，第 30 頁。
〔註116〕〔美〕白馥蘭：《技術與性別：晚期帝制中國的權力經緯》，江湄，鄧京力譯，江蘇人民出版社 2006 年版，第 282 頁。

夜則令瞽誦詩，道正事。如此則生子形容端正，才德過人矣。」〔註117〕

明清士紳關於胎教的思想主要是從積極方面提倡和從消極方面戒備來進行規訓的。從積極方面來說，他們首先強調胎教的重要性：「上古賢明之女有娠，胎教之方必慎。」〔註118〕許雲村建議，當母親懷有身孕時：「宜聽古詩，宜聞鼓琴，宜道嘉言善行，宜閱賢孝節義圖畫，宜勞逸以節，動止以禮，則生子形容端雅，氣質中和。」他們期望母親的身心調節到最佳狀態，給胎兒以儘量多的感官刺激，以便胎兒身心的發育與生長。從消極方面來說，「婦妊子者，戒過飽，戒多睡，戒暴怒，戒房欲，戒跛倚，戒食辛熟及野食。」〔註119〕從孕婦的言行舉止、飲食習慣、外在形象和內在精神面貌等方面對孕婦進行規範，希望孕婦能夠保持最佳的生育狀態，以期望孕育出形象氣質俱佳——「形容端雅、氣質中和」——的孩子。

另外，明清士紳雖然還沒有科學地認識到遺傳的作用，但已有士紳強調母親自身的性格品行對子女品德的先天形成和後天塑造都有重要影響：「婦人賢明，子女自然端淑，今雖胎教不講，然子稟母氣，一定之理，其母既無不孝不悌之念，又無非道非義之心，子女稟受端正，必無戾氣，稍有知識，不導之以誑語，引以詈言，後來蒙養較易，婦人不賢，子則無以裕其後，女則或以誤其夫，故婦人關係最重。」〔註120〕相較於父親來說，母親具有教子的優先性：「母儀先於父訓，慈教嚴於義方。」〔註121〕

胎兒出生後，首先要注意胎兒的餵養問題。經濟條件許可的家庭，或雖然經濟條件一般但母親有病而不能餵養子女的家庭，就會面臨尋找乳母的問題，乳母選擇不慎，會對養育子女帶來很多弊病。「人家兒女教壞多由乳母婢僕，此主人主母所不及覺也。故古人於乳母必曰擇於諸母於可者。」〔註122〕乳母的學者仍須以德為重。但一般情況下，明清士紳還是主張由母親親自餵養嬰兒：「婦產非病，勿用乳母，以饑人子。」〔註123〕現代醫學證明，母親自己餵養小孩，對親子關係的培養，對子女的健康都大有益處。明清士紳雖然

〔註117〕〔明〕呂坤：《閨範・嘉言》，〔清〕陳宏謀輯：《五種遺規・教女遺規》卷中。

〔註118〕〔清〕王相輯：《女子四書讀本》，《女範捷錄》。

〔註119〕〔明〕許雲村：《許氏貽謀四則・家則》，續修四庫全書本。

〔註120〕〔清〕汪輝祖：《汪龍莊先生遺書・雙節堂庸訓》，卷3《治家》。

〔註121〕〔清〕王相輯：《女子四書讀本》，《女範捷錄》。

〔註122〕〔清〕陸桴亭：《思辨錄輯要》，〔清〕陳宏謀輯：《五種遺規・訓俗遺規》卷2。

〔註123〕〔明〕許雲村：《許氏貽謀四則》，續修四庫全書本。

不能科學的看待這個問題，他們是從仁愛和善盡母道的角度勸誡婦女餵養小孩，同樣具有積極進步意義。

其次，是嬰兒餵養及看護問題。也許是因為士紳階層作為男性整體，他們對養育子女沒有太多的感性認識；或者是因為他們更多的是期待母親對於子女在道德等方面的教育責任，對於如何養育子女，他們在家訓中著墨不多，只是少數家訓中提到在穿衣著帽、佩戴飾物、進食食物、抱持子女等方面有一些簡單的訓諭。如明人呂近溪指出：「看養嬰兒，切戒飽暖，些許過失，就要束管。水火見到，高下跌磕，生冷果肉，小兒毒藥。」〔註124〕陳確指出：「凡生養子女，固不可不愛惜，亦不可過於愛惜，愛惜太過，則愛之適所以害之矣，小兒初生，勿勤抱持，裹而置之，聽其啼哭可也。醫云：『小兒頓足啼哭所以宜運胎滯』，無須憐惜。乳飲有節，日不過三次，夜至雞將鳴，飲一次，衣用稀布，寧薄勿厚，乃所以安之也。語云：『若要小兒安，常保三分饑與寒。』蓋孩提家，一團元氣，……十分飽暖，反生疾病。此易曉也。珠帽繡衣等物，切不可令著身，無論非從樸之道，而珠帽誨盜，繡衣裏溺，稍明理者，必不當墮此陋習矣。」〔註125〕許雲村也指出：「及嬰孩懷抱，毋太飽暖，寧稍飢寒，則肋骨堅凝，氣岸精爽；毋飾金銀珠玉綺繡，以導侈衒，以招狀賊。及能言能行能食時，良知端倪發現，便防放逸。故孔子曰，蒙以養正，聖功也。言常教毋誑，行常教後長，食常教讓美取惡，衣常教習安布素。」〔註126〕「童子幼年，不可衣之羅綺，恐啟其奢侈之心，長大不能改也。」〔註127〕這些養育方法一方面本著嬰兒健康安全的角度考慮，另一方面注意從嬰兒幼小時期就注意培養其道德品行。

2. 教導子女

現代教育學認為，家庭教育是兒童個性形成的主要條件，在影響兒童個性形成的各種因素和條件中，家庭和家庭環境創造並調節兒童生活條件，是兒童各種印象和感受的源泉，是兒童生活的支柱，是指導和管理兒童的力量，是兒童首先受到教育的地方。〔註128〕家長的品德、行為、情趣、志向、精神

〔註124〕〔明〕呂德勝：《女小兒語·四言》，〔清〕陳宏謀輯：《五種遺規·教女遺規》卷中。

〔註125〕〔清〕陳確：《新婦譜補》，《叢書集成續編》第 62 冊，第 58 頁。

〔註126〕〔明〕許雲村：《許氏貽謀四則》，續修四庫全書本。

〔註127〕〔清〕唐彪：《人生必讀書》，〔清〕陳宏謀輯：《五種遺規·教女遺規》卷下。

〔註128〕潘允康：《家庭社會學》，重慶出版社 1986 年版，第 171 頁。

面貌無不是家庭教育的構成要素，它們均給予子孫以深刻的影響。

相對於對養育孩子著墨不多的現象相比，訓誡為母者怎樣教導子女，明清士紳家訓中卻濃墨重彩地著重強調，說明明清士紳對於家庭教育的重視。「中華帝國的精英生育文化表達了這樣的信念，即母親最重要的貢獻是『教育』孩子，通過道德價值觀念的灌輸，使孩子從生物體上的人轉變為社會意義的人。」〔註 129〕財富、地位、名望說到底都是身外之物，只有培養出一個有出息的孩子，才是生平最大的樂事。況且，真正培養出這樣一個優秀的孩子，既可以實現父輩的夙願，也可以把家族曾經有過的輝煌傳遞下去，因為孩子是自己血脈的延續和生命的結晶，所以，明清時期理想的母親形象是能夠教育子女的母親。「母不取其慈，而取其教。」〔註 130〕

士紳之家的子弟長到一定的年齡，尚未外出就學，或出外就學歸家時，母親的教育尤其是督導作用，顯得非常重要。因為士紳本人或因在外求學或在外為官等原因而不「在場」，教育子弟的任務更多地落到了母親身上，尤其是當父親去世而母親守寡後，又無族人親戚的幫忙，這類家庭教育子弟的任務就只有母親來完成了。清代女才子顧若璞曾言，自夫死後，她作為母親所發揮的教育作用：「有藐孤在，不敢不學古丸熊畫荻者，以俟其成。……於是酒漿組紝之暇，陳發所藏書，自四子經傳以及古史鑒，皇明通紀大政治屬，日夜披覽不及。二子者從外傳入，輒令籌燈坐隅，為陳說吾所明，更相率咿唔，至丙夜乃罷。顧復樂之，誠不自知其瘁也。日月漸多，聞見與積，聖賢經傳，育德洗心。旁及騷雅詞賦，遊焉息焉，翼以自發其哀思，舒其憤悶，幸不底於幽憂之疾。」〔註 131〕顧若璞在家務忙完之餘，勤奮讀書，為的是當子弟就學歸來時，為之「陳說所明」，「母督子學」的學習親子圖躍然紙上。這樣日積月累，母子的學識、見聞都在增長，從聖賢經典到騷雅詞賦無所不及。這種現象顯示：一方面母親能在閑暇之時「日夜披覽」「四子經傳及古史鑒」，說明母親此前已經擁有能夠促使自己繼續學習的基礎知識；另一方面，母親能夠在特殊時刻擔當起孩子臨時的老師，對孩子起到督導與教育的作用。

母親教育子女包括培養道德品質，指導行為規範，幫助營生自立等使人

〔註 129〕〔美〕白馥蘭等：《技術與性別：晚期帝制中國的權力經緯》，第 268 頁。
〔註 130〕〔明〕呂坤：《閨範·母道》，〔清〕陳宏謀輯：《五種遺規·教女遺規》卷中。
〔註 131〕〔清〕顧若璞：《與弟書》見〔清〕周亮工輯：《尺牘新鈔》，嶽麓書社 1986年版，第 344～345 頁。

社會化的責任。母親教育子女也有優先條件，「人多少時，與母最親。舉動善惡，父或不能知，故母教最切。」〔註132〕「良母會教會孩子如何做到知書達理，如何恰當地為人處世；她不僅在孩子上學前在家裏教他閱讀簡單的經典，還要為他們解釋經典中所蘊含的道德啟示，最重要的是，她要逐步地灌輸給孩子道德目的感和堅定的決心，激勵他們追求榮譽的雄心。」〔註133〕隨著科舉考試競爭壓力的增大，士紳家庭對母親能夠掌握一定的文化知識以便適時地教育子女的期許也隨之增加，士紳家庭子女受教育的年限也因科舉的壓力隨之降低，男子出外就學前的家庭教育因此變得日趨重要且必不可少。

　　明清士紳家庭中的母親，有些自幼除受到過女教一類的教育外，部份還能夠從父兄處、或從塾師處學習到一些系統的經典學習，這為她們日後教育子女學習簡單的經典知識起到重要作用。如明人溫璜，曾記述其母親利用聖賢經典對兒子進行啟發，並闡發自己的觀點：（母）「問介『子夏問孝』，子曰：『色難』如何解說？介跪講畢。母曰：『依我看來，世間只有兩項人是色難。有一項性急人烈烈轟轟，凡事無不敏捷，只有在父母跟前一味自張自主的氣質，父母其實難當；有一項性慢人，落落拓拓，凡事討盡便宜，只有在父母跟前一番不痛不癢的面孔，父母便覺難當。』她又問介『至於犬馬皆能有養，不敬何以別乎？』如何解說。」〔註134〕溫母本人有深厚的學識，而且還能夠理論結合實際，對聖賢經典進行註解，並將其傳教於子，說明溫母有相當的文化修養，她曾經學習過諸如《論語》之類深奧的文化知識，也說明她利用其固有的知識教育子弟，擔當起教育子弟的責任，也顯示出知識母親在督導子弟治學與為人方面發揮的重要作用。這是明清士紳之家子弟至少在外出求學之前，母親們普遍做的一件事情。

　　當然，明清時期，大多數女性還是沒有受到系統的知識教育，即便她們能夠從父兄塾師處習得一些經典知識，但也多集中在她們出嫁前，從她們智力開啟到出嫁前，由於時間的短暫，使得她們學習內容相當有限，加之士紳家庭對女子的教育大多也僅限於進行道德傳授，這類女子學習到的文化知識極其有限，她們有限的時間大多學習的是道德修煉。日後由她們對孩子進行的家庭教

〔註132〕〔清〕藍鼎元：《女學》，卷1，《婦德上》，沈雲龍主編：《中國近代史料叢刊續輯》第41輯，第410冊，第1頁。
〔註133〕〔美〕白馥蘭等：《技術與性別：晚期帝制中國的權力經緯》，第268頁。
〔註134〕〔明〕溫璜輯：《溫氏母訓》，《叢書集成新編》第33卷，第205頁。

育自然也就主要局限於道德啓發和人格錘鍊方面，這類母親主要是通過自己的言傳尤其是身教，來激勵孩子奮發向上、積極進取的責任心與雄心壯志。如「崑山三徐之太夫人，亭林先生之女弟也。世稱其教子極嚴，課誦恒至夜午不輟。三徐既貴，每奉命握文柄，太夫人必以矢愼矢公、甄擢寒畯爲勖。太夫人未六十，立齋已登九列，持節奉中，所識拔多知名士。健庵以編修總裁北闈，果亭以編修典試吾漸，亦無愧金篦玉尺，皆母教也。」〔註135〕

清人藍鼎元回憶其幼時母親的形象：

> 先慈以女工經營家計，市番薯給饔飧，種蔬爲糜以佐不逮，時或具甘脆，承舅姑歡心，親教督不孝，兄弟講授詩書，反覆開導，終日不厭，夜則篝燈自課女工於旁視不孝，倦或思睡則縷縷述先君遺事以感動之，且勖以立身成名繼述顯揚之，大不孝鼎元或不率教，先慈不忍加棰楚，但涕泣責讓、不食，鼎元因憂懼不知所爲，急引咎請改，乃許之。由是，稍有警悟，始不敢不讀書，雖隆寒盛暑，苦雨淒風，機響書聲永夕互答，道路聞之，無不傷心流涕者。〔註136〕

藍母並沒有教給兒子多少經典知識，主要是通過講述先君遺事感動兒子，以立身成名激勵兒子，自我懲罰以教誨兒子，通過這種道德督導，使兒子「急引咎請改」，最終形成一幅「機響書聲永夕互答」的畫面。

作爲母親，她教給子女的除簡單的經典文化外，她對子女所發揮的作用，更多的是立身成德的教育，有時甚至是母親個人的道德典範作用，給子女以永恒的印象。如紡織燃燈以陪，以致子女長大成人之後，這種畫面在子女腦海中永遠定格，對子女一生都起著極其重要的積極作用。

士紳家訓中對母親如何教子的期待，主要表現在以下幾個方面：

第一，教子以禮、仁、廉、正、公等倫理道德內容，開展人格養成教育

唐彪建議，「子弟幼時，當教之以禮，禮不在精微，止在粗淺。如見尊長必作揖，長者經過，坐必起立，長者呼召，即急趨之。門內門外，長者問何人，對必以名，不可曰我曰吾，長者之前，不可喧讓致爭，廳堂之中，不可放肆傴臥，凡事非童僕所能爲者，必須爲父母代勞，不可推諉。……」〔註137〕

〔註135〕〔清〕陳康祺：《郎潛紀聞初筆、二筆、三筆》，初筆卷9，中華書局1984年版，第195頁。

〔註136〕〔清〕藍鼎元：《鹿洲初集》卷 20，《先慈節孝許太孺人行狀》，影印文淵閣四庫全書本。

〔註137〕〔清〕唐彪：《人生必讀書》，〔清〕陳宏謀輯：《五種遺規・教女遺規》卷下。

這類教子以禮，正家以禮的母親形象，被呂坤譽為「禮母」。此外呂坤根據母親教子的突出特點，對各類母親進行分門別類：「望子以正，無兒女子之情，惟道義是責」的母親尊為「正母」；「以慈惠教子者」稱為「仁母」；「以貪戒子者」稱為「廉母」；「責子而不責人者」稱為「公母」。〔註138〕通過這些母親形象，以說明傳統的倫理道德對於子女品德修養的積極意義。

第二，教育方法重在嚴慈相濟

明清士紳主張要慈愛子女，因為「慈者，上所以撫下也，上慈而不懈，則下順而益親。……若夫待之以不慈，而欲責之以孝，則下必不安。下不安則心離，心離則忮，忮則不祥莫大焉。」〔註139〕但他們反對過份溺愛子女，否則，子女劣性一旦養成就極難改變，長大之後，一切災難都會由此引起。「富貴之家，愛子過甚，子所欲得，無不曲從之。性既縱成，一往莫御，小有拂逆，便肆咆哮，及至長大，恃強好勝，破敗家財，猶係小事，一切刑禍，從此致矣。為父母者亦曾念及此乎？」〔註140〕一般家庭的母親常常容易寵愛子女，以至於溺愛有餘而管教不足。「子之不肖，為母護蔽縱成者十居七八，故教子者尤不可不使母知此。」〔註141〕所以，他們均強調母親愛子方法要得當，要以道愛子，不要縱容溺愛。所以，明清士紳在家訓中強調為母者要嚴待子女，他們崇尚的是如父親般威嚴母親的形象：「家有嚴君，父母之謂也。自母主於慈，而嚴歸之父矣。其實子與母最近。子之所為，母無不知，遇事訓誨，母教尤易，若母為護短，父安能盡知？至少成習慣，父始懲之於後，其勢常有所不及，慈母多格，男有所恃也。故教子之法，父嚴不如母嚴。」〔註142〕相較父親來說，為母者與孩子更容易親近，她對待孩子的態度也顯得更重要，她既可以利用和孩子的親近關係寵愛孩子，也可以利於此關係管教孩子，從這個角度來說，母親的威嚴某種程度上所起的作用，甚至超過父親。這種母親的形象被呂坤稱為「嚴母」，她的突出特點是「威克厥愛者也，有父道焉。」〔註143〕真正善於教育子女的母親是「一嚴之外無他術，善用嚴者，一愷之外

〔註138〕〔明〕呂坤：《閨範·母道》，〔清〕陳宏謀輯：《五種遺規·教女遺規》卷中。
〔註139〕〔明〕仁孝文皇后：《內訓·慈幼章》，影印文淵閣四庫全書本。
〔註140〕〔明〕仁孝文皇后：《內訓·慈幼章》。
〔註141〕〔清〕金敞：《宗範》，《叢書集成續編》第 61 卷，第 60 頁。
〔註142〕〔清〕汪輝祖：《汪龍莊先生遺書·雙節堂庸訓》，卷 5《蓄後》。
〔註143〕〔明〕呂坤：《閨範》，《母道》，〔清〕陳宏謀輯：《五種遺規·教女遺規》卷中。

無他道。」〔註 144〕

　　但是，「嚴」不等同於打罵，打罵子女是不受歡迎的。呂坤說：「今人教子，每事疏忽寬縱，不耐留心，及德性已壞，而笞撲日加，徒令傷恩，無救於晚。」〔註 145〕《溫氏母訓》中也指出：「兒子是天生的，不是打成的。古云棒打出肖子，不知是銅，打就銅器；是鐵，打就鐵器，若把驢頭打做馬面，有是理否？」〔註 146〕

　　可見，明清士紳主張教子時以嚴字當頭，父嚴是當然，母嚴也被稱道。母親要管教子女，但要教之以道，不能先寵愛，後打罵，這樣就起不到應有的作用。即使兒子成人出外做了大官，在母親面前只是兒子而已，母親仍然有對其進行督導教誨的責任。這類嚴母的形象是明清士紳在家訓中所期待的典範。〔註 147〕《內訓》中將母教的內容、方法、宗旨進行了全面概括：「教之者導之以美德、養之以廉遜、率之以勤儉、本之以慈愛、臨之以嚴恪，以立其身，以成其德。」〔註 148〕

　　士紳家庭的女性接受教育形式主要是家庭教育，教育內容又主要限於德言容功等「四德」，她們沒有學習到系統的文化知識，她們對子弟實施的「教導」主要重在「導」之一面，使子弟養成優良的品德與行為規範。實際上，母親自身勤勞節儉等品德更能給子弟留下深刻印象，每當子女成年之後，回憶起母親對其幼年所起的作用，往往對這方面印象深刻。《隨園詩話》中就描述了一位母親在深夜一面紡線一面督促子弟讀書的情景：「辛勤籌火夜燈明，繞膝書聲和紡聲。手執女工聽句讀，須知慈母是先生。」〔註 149〕

〔註 144〕〔明〕呂坤：《閨範》，《母道》，〔清〕陳宏謀輯：《五種遺規·教女遺規》卷中。

〔註 145〕〔明〕呂坤：《閨範》，《母道》，〔清〕陳宏謀輯：《五種遺規·教女遺規》卷中。

〔註 146〕〔明〕溫璜輯：《溫氏母訓》，《叢書集成新編》第 33 卷，第 203 頁。

〔註 147〕呂坤在《閨範》中還介紹了一個嚴母的例子：「陳堯咨母馮氏，有賢德，咨善射。為荊南太守，秩滿歸謁其母，母曰：『耳典名藩，有何異政？』對曰：『州當孔道，過客以兒善射，莫不歡服。』母曰：『忠孝以輔國，爾父之訓也，爾不行仁政，以善化民，顧專卒伍一夫之技，豈父之訓哉？因擊以杖，金魚墜地。」呂坤評論說：「嚴明哉，陳母，知善射非太守之職，可不謂明乎？子為達官，而猶以杖擊之，可不謂嚴乎？……子正母從，母正子從。」呂坤：《閨範》《母道》，陳宏謀輯：《五種遺規·教女遺規》卷中。

〔註 148〕〔明〕仁孝文皇后：《內訓·母儀章》。

〔註 149〕〔清〕袁枚：《袁枚全集》，《隨園詩話》卷 2。

　　明清士紳家庭中母親對子女的早期教育不僅在傳授某種品德，培養某種習慣、建立某種情感也是其中的重要內容，尤其是那種在困境中仍然能夠激勵子弟爲學不輟者，對子弟的影響特別深刻，當這些子弟日後成人，每每回想起幼年時期來自母親的教誨，都唏噓不已。所謂「機聲燈影」，其意義已經遠遠超過其本身所具有的含義。母親花費在子女身上的心血和辛苦，起到強烈的感召作用，成爲一種潛移默化的力量。母親文化知識教育是有限的，但其身教卻使子女受益終身，以致他們成年成才後，回憶起這段往事，仍然感慨萬千。作一個賢妻與良母成爲女性最高的人生價值，她們會因此受到男權社會的稱頌，會被記載在男人專權的典籍中。〔註150〕賢妻良母的形象被士紳在傳記、碑銘、行狀中反覆頌揚，說明了士紳期待賢妻良母理想在現實中的投影，或者說，正是士紳階層的期待形塑出了這種賢妻良母的形象，而這類賢妻良母形象的出現，又激發了士紳對其褒獎的願望，他們因而在相關的記敘中大力嘉獎。

　　擁有文化優勢的士紳階層特性決定了他們理想的母親形象是教育型的，養育型則退居其次。這一階層中的母親往往或多或少地受到過一定的教育（至少是女教書一類的道德教育），士紳期待這類母親通過家庭教育將其所掌握的文化資源傳授給下一代，以彌補父親不在場的缺憾。而母親所接受教育的不系統性決定了其對子女的教育並不以知識爲主，重在品德的薰陶、感情的培養、習慣的養成。

　　成年後的男子對母親的愛戴，不僅出於生病時她們對身體的照顧，也出於她們教會兒子明辨是非。由教育所創制的紐帶同受孕、妊娠和哺乳形成的身體關係一樣牢固有效，後者是物質性因素的傳遞，而撫養和教育所需的卻是「身體（也包括思想）結構的感受與品行」的傳遞；這些「有機地體現著」母親在孩子成人過程中所發揮的作用。〔註151〕

　　這些女性受到「男外女內」社會角色分工的制約而被限制在家內，但是，在丈夫外出或不在人世時，她們通過其賢德與才能主持門戶，使家庭生活能夠穩定、和睦、祥和，並幫助丈夫和（或）兒子在社會中、在事業上地位的穩固和發展。雖然明清時期婦女幾乎被剝奪了直接實現其社會價值的可能性，但她們通過相夫教子，以男人即丈夫或兒子的社會價值的實現，來間接

〔註150〕李卓：《中日家族制度比較研究》，第442頁。
〔註151〕〔美〕白馥蘭等：《技術與性別：晚期帝制中國的權力經緯》，第269頁。

體現自己的社會價值，明清時期的女性正是通過這種間接方式來對社會和國家做出貢獻，從這一方面來說，女性的價值並沒有邊緣化，而是被變通成非直接的方式來體現。以下兩則墓誌銘印證了女性對於男性成功所起到的不可低估的作用。明代思想家劉宗周尚未出生時，其父親就撒手人寰。劉出生後，其母親「刻苦自勵，躬操紡績，習寒暑以爲常，迨宗周勝句讀，出則隨先生，而入侍太恭人。課讀機杼之間，未嘗不篝燈相向也。」〔註152〕劉宗周娶妻之後，其妻「親操井臼，奉吾母惟謹至，備嘗艱苦，予惟下帷，攻舉子業而已。入夜仍挑燈佐讀，往往後予而寢，先予而問。且無叱雞鳴之風，……淑人歸予之明年，爲萬曆丁酉，予補郡庠，旋領鄉薦，登辛丑進士時，吾母謝世，惟淑人日御裋褐操作，略不自識爲官人婦也，又以其間嫁二姑、娶一從叔婦、娶一再從叔婦，撫一孤甥、娶甥婦、以及孫甥孫甥婦，皆淑人黽勉以相予而予乃食。」〔註153〕

從兩位女性的行狀和墓誌銘中，可以看出她們有著驚人的相似之處：都在極其艱苦的情況下，挑起家庭重擔，任勞任怨，當丈夫不在人世，或者當丈夫從事舉業不能治家教子，而他人又不能幫忙時，女性不但自己勤勉持家，而且當兒子或丈夫讀書學習時，她們在旁邊挑燈佐讀，讀書聲與機杼聲不絕入耳，共同奏出和諧的樂章，母親和妻子用自己的勤勞品德和殷切厚望督促著兒子或丈夫，使他們學業有成。這樣，母親和妻子通過兒子和丈夫社會價值的實現，使自己的價值得以體現，從這一角度來看，她們在社會中發揮著極其重要的作用。對於母親來說，把孩子養大，這本身就是一個不小的功績，還要讓他們接受教育，傳授給他們品德、知識與能力，這些既是對母親角色的挑戰，也是兒子功成名就後，母親最爲人矚目、引以爲傲的地方。可見，父權制下的女性，雖然是通過以母親的身份獲得社會認可和家庭尊重的可能性更大一些，但她們也往往通過間接的變通方式，來彰顯其價值及作用。

二、女性貞節觀

貞節最初泛指人們堅貞不屈、守志不移的氣節與操守，既針對男子也針

〔註152〕〔明〕劉宗周：《劉蕺山集》卷14，《墓表行狀》，《先考誥贈通議大夫順天府府尹秦臺府君暨先妣誥贈淑人貞節章太淑人行狀》，影印文淵閣四庫全書本。

〔註153〕〔明〕劉宗周：《劉蕺山集》卷13，《墓誌銘》下，《劉子暨配誥封淑人章氏合葬預志》。

對女子，對男女的要求本無區別，但隨著時代的推行，它幾乎屬女子專有，明清時期，由於政府的提倡，理學家的助陣，宗族的推波助瀾，貞操節烈行為愈演愈烈，表現出泛宗教化傾向。

貞節觀在宋代以前的統治者都提倡過，但並未被視為非常嚴重的事。秦漢時除了有相關的女教書加以規範外，〔註154〕統治者也採取一些行政與法律措施。秦始皇曾在泰山、會稽等地刻石宣揚貞節。《史記》中也記載秦始皇築懷清臺以勸導貞節：「巴蜀寡婦清，其先得丹穴，而擅其利數世，家亦不訾。清，寡婦也，能守其業，用財自衛，不見侵犯。秦始皇以為貞婦而客之，謂築女懷清臺。」〔註155〕西漢宣帝也於公元前58年（神爵四年）詔賜貞婦順女帛。東漢安帝也曾於「開初六年二月，詔賜貞婦有節義穀十斛，甄表門閭，旌顯厥行。」〔註156〕

魏晉南北朝時期，少數民族進入中原，社會動盪不居，加之玄學思想的影響，人們普遍滋生及時行樂心理，世風趨於雜亂，有鑒於此，無論是統治階層還是士人，都提倡整肅貞節、旌表門閭。但這僅是理論要求，現實生活中對貞節婦的要求呼聲並不高。

唐代是一個開放的朝代，社會對貞節觀念更加不予重視，從宮廷到民間，婦女再嫁和改適的現象極為普遍。宋代理學先驅周敦頤的婦女觀代表了宋儒的婦女觀。他的《通書》中說：「禮，理也；樂，和也。陰陽禮而後和。君君、臣臣、父父、子子、兄兄、弟弟、夫夫、婦婦——萬物各得其理而後和，故禮先而樂後。」〔註157〕相對來說，程朱理學興起之前，對婦女的貞節觀念還是比較寬容的，婦女改適不會被視為有違禮教而受到指責或禁止。

漢學家白馥蘭的一段話有助於我們理解為何宋代以後婦女貞潔觀漸趨強化：「宋代的道德主義者急切地堅持女性隔離的重要性（也堅持禁止婦女擁有財產的必要性），可以將之看成是他們察覺到社會失序的威脅而做出的反應，這種失序的危險來自這一時期迅速的城市化、中產階層的不斷繁榮、等級界限的模糊，無疑還有許多婦女參與商業管理以及其它不適宜的活動。相似的情形在中國歷史上多次復發，每當這時，關於社會動盪或男性美德失墮的焦

〔註154〕按：如《禮記》、劉向所著《列女傳》、班昭所著《女誡》等書。
〔註155〕〔漢〕司馬遷：《史記》卷129，《貨殖列傳》，商務印書館1958年點校本。
〔註156〕〔南朝宋〕范曄：《後漢書》卷5，《孝安帝紀》。
〔註157〕〔宋〕周敦頤：《通書述解》卷上，影印文淵閣四庫全書本。

慮就投射到女性身上。在諸如蒙古入侵、明朝覆亡或被西方列強戰敗的災難過後，即使在城市裏，苛守道德也盛極一時。但是在幾十年的和平之後，經濟恢復，城市再度繁榮，體面婦女就從隔離中偷偷溜出，有些是拼命尋找工作機會的低層婦女；有些是家庭商務中的幫手，在丈夫外出採購時接管絲綢鋪子或藥房。還有的婦女有錢去上香，坐船旅行，還出入公共場合展示自己。這樣的墮落情形必將引發關於女性美德的道德主義言論的漲潮，那些希望確保體面的人家，那些想把女兒嫁給更高階層的人家，或是那些不許兒子下娶的人家，必定嚴肅地對待之。」〔註158〕

（一）禮別男女、防閒內外

男女之別，儒家經典早有明示，《禮記》中提到：「男女有別，而後夫婦有義；夫婦有義，而後父子有親，父子有親，而後君臣有正。」〔註159〕—— 男女有別被認爲是人與動物的分界點和人倫的起點。《易經》中說：「家人，女正位乎內，男正位乎外；男女正，天地之大義也。」〔註160〕其中對男女的居住與分工進行了規範。對於女性來說，要想正位於內必須嚴內外之限，而明清士紳大多從這個方面加以規範。〔註161〕

男女究竟如何「有別」，《禮記》中有詳細規定：小孩六七歲以前，其衣食住行並沒有嚴格意義上的男女區別，可以吃飯時，教他使用右手。到六歲時，教他們識數和辨別方向。但是到了七歲，男孩、女孩就要區別對待，他們不能同席而坐，不能在一起吃飯。男孩十歲時要外出拜師求學，住宿在外，學習寫字和記事，學習幼儀，學習老師所書寫的課文，學習誠信的語言。女子到了十歲，不出外門，由女教師教導她們言語要婉順，容貌要柔媚，要聽從長者的教誨；教她們紡麻織布，養蠶繅絲，織造繒帛絲帶，學習女工，以供製作衣服；另外還學習祭祀的儀式。〔註162〕

〔註158〕〔美〕白馥蘭等：《技術與性別：晚期帝制中國的權力經緯》，第 133～134 頁。
〔註159〕《禮記・昏義》。
〔註160〕《易經・家人卦》。
〔註161〕按：高彥頤把主內的女性稱爲向心女人，而主外的男人稱爲離心男人。「向心女性的理想，掩蓋了女性僭入公眾領地的不斷增長的影響，而通過情感、宗教和社會生活向內心的轉向，男性的離心定位日益想相反的方向發展。」見〔美〕高彥頤：《閨塾師：明末清初江南的才女文化》，李志生譯，江蘇人民出版社 2005 年版，第 161 頁。
〔註162〕《禮記・內則》。

　　明清士紳繼承了這些傳統思想。方孝孺指出：「樹木生有枝，子弟教及時；七年異男女，八歲分尊卑。」〔註163〕曹端嚴格規定：「吾家男女，七歲以上，不同席，不共食，以嚴其別。」〔註164〕從六七歲開始，孩子們被教導著不僅在穿著打扮上，而且在氣質上和生活中擁有不同的身份來顯示兩性間的差別。這時，父母要教育他們：男女之間要有所分別，要避嫌疑，否則會受人指責。「古分內外，禮別男女，不避嫌疑，招人言語。」〔註165〕如果說，六七歲時，父母開始教育孩子要有男女之別的概念，並恰當地實施的話，那麼，十歲則又是一個分水嶺，這時，有條件的家庭均要求，女不出中門，男不入中門，外面的婦人也不能隨便進出了：「男十歲勿內宿，女七歲勿外出。」〔註166〕「居家之要，第一要內外界限嚴謹，女子十歲以上，不可使出中門，男子十歲以上，不可使入中門。外面婦人雖至親不可使其常來行走。一防說談是非，致一家不和；一防其為奸盜之媒也。」〔註167〕

　　史搢臣關注於給女子在具體實踐中以告誡性的指導意見：「男女不雜坐，不同椸枷，不同巾櫛，不親授。內外不共井，不共湢浴，不通寢席，不通衣裳，諸母不漱裳。女子嫁而返，兄弟弗與同席而坐，弗與同器而食，男子入內，不嘯不指，夜行以燭，無燭則止。女子無故不出中門，出中門必擁蔽其面，夜行以燭，無燭則止，出入於道路，男子由右，女子由左，此曲禮別男女之大節。」〔註168〕

　　齊家是男子治國平天下的操練，或者說是治國平天下的開端，而女子的貢獻卻僅止於齊家。「與男子向外擴展的競技場相反，女性的職責在鍋竃和織

〔註163〕〔明〕方孝孺：《遜志齋集》卷23，《勉學詩》。
〔註164〕〔明〕曹端：《曹月川集·家規輯略》，影印年文淵閣四庫全書本。
〔註165〕〔明〕呂德勝：《女小兒語·四言》，〔清〕陳宏謀輯：《五種遺規·教女遺規》卷中。
〔註166〕〔明〕許雲村：《許氏貽謀四則》，續修四庫全書本。
〔註167〕〔明〕楊繼盛：《楊忠愍集》卷3，《赴義前一夕遺囑》。
〔註168〕〔清〕史搢臣：《願體集》，〔清〕陳宏謀輯：《五種遺規·教女遺規》卷下，1868年湖文書局刻板。司馬光也指出：「凡為宮室，必辨內外，深宮固門。內外不共井，不共浴堂，不共廁。男治外事，女治內事，男子晝無故不處私室，婦人無故不窺中門，男子夜行以燭，婦人有故，身出必擁蔽其面，男僕非有繕修及有大故，不入中門，入中門婦人必避之，不可避亦必以袖遮其面，女僕無故不出中門，有故出中門亦必擁蔽其面。」司馬光：《涑水家儀》，見〔元〕陶宗儀錄：《說郛》卷71，影印文淵閣四庫全書本。

機上。她的定位是向內的，在個性外表和行動上，她都是內斂的。」〔註169〕
女子居於內是要其學習中饋、女紅、道德規範等將來能夠「事人」的工作。
對於外人來說，女子所居的領地是不可侵犯的，外人不得隨便出入，中門是
男女、內外的分界線，女子不得隨便出來，即使有事出來也要用毛巾遮蔽面
部，夜晚則要帶燭行走；同樣外人也不得接近中門，路過此處，也應該駐足
不前，除非有事特別召喚。長此以往，家人習以為常，閨門就會整肅、謹嚴：
「門路出入有定規，凡近內門戶，僅容十二三歲兒童傳語，出入過此，即當
禁足，非有事，特呼不得擅入，每門明立禁約，寫帖於上，犯者必責如數。
愚人不識，以為嚴於所不必嚴，豈知此是閒處著忙，緩裏著緊，習成規矩，
自然閨門清肅，知風之自防，自不防。」〔註170〕

　　男女有別的觀念應貫徹在所有異性間：「男女遠別，不止翁婦叔嫂爲然。
世俗惟嚴於翁婦，其餘無別，甚者叔嫂、姊夫、小姨、妻弟之妻，皆不避嫌，
近於蠻貊矣！」〔註171〕──他們認爲，不避嫌疑的做法，是未開化、不文明
的表現。史搢臣提出親屬之間要避嫌，也要注意與市井人物、街市貨郎的別
嫌疑，這些方面常常容易被一般人家所忽略：「謹飭閨門，人盡皆知。而主家
者，於服食器用之類，或躬親備辦，或介紹分勞，獨於婦女抵掠脂粉，女工
針線之物，每多忽略，聽其自購。常見閭巷閨雛，朱門媵婢，叢繞佇立，與
街市貨郎，擇揀精粗，奪來搶去，男女混雜，大爲不雅。豈禮嚴外，獨此不
禁歟？且所擊之器，名爲驚閨、結繡、喚嬌娘，予謂閨可驚而嬌娘豈可爲若
輩喚乎？」解決辦法是，女性要購買的女性用品及生活必需品，「當令童僕代
之」。〔註172〕

　　男女有別的觀念在富人家易於實施。富家可以修造深閨大院，在空間上
將男女區別開來──女處深閨、內門。但是，貧窮人家同樣也要別男女：「貧
家無門禁，然童女倚簾窺幕，鄰兒穿房入闥，各以幼小不禁，此家教不可爲
訓處。」〔註173〕內外防閑的結果最終是要達到「……終日閨門之內，目不見
非僻之人，耳不聞非僻之言。賢者固可以矢志潔清，即不賢者無不兢兢自好

〔註169〕〔美〕高彥頤：《閨塾師：明末清初江南的才女文化》，第155頁。
〔註170〕〔明〕陳龍正：《家矩》，《叢書集成續編》第214冊，第395頁。
〔註171〕〔清〕史搢臣：《願體集》，陳宏謀輯：《五種遺規·教女遺規》卷下。
〔註172〕〔清〕史搢臣：《願體集》，陳宏謀輯：《五種遺規·教女遺規》卷下。
〔註173〕〔明〕溫璜：《溫氏母訓》，《叢書集成新編》第33卷，第203頁。

焉。然則養人之廉恥而消邪心者，誠莫如防閑之禮矣。」〔註174〕

　　但是，明清士紳所主張的別男女，防內外，只有有一定經濟實力的士紳階層才能夠做到，貧家婦女可能爲了生計拋頭露面：到田間地頭勞作，到集市上買賣物品；其居處也可能僅夠容身而已，這時，要求她們也「禮別男女」，就僅僅是一種道德說教，或者是關鍵時候的做秀，難以落到實處。所以，「男女有別，內外防嫌」只有士紳及以上階層的女性才能做到，這一觀念的落實，同樣凸現士紳階層特色，也只有這一階層才能夠爲謹飭門戶把婦女藏在家中，而不影響家庭日常生活。從另一個側面也說明，能夠做到「男女有別，內外防嫌」是士紳階層區別於平民階層的又一標誌。從某種程度上說，男外女內，雖然也對女性進行了限制，但任何事物都是一體兩面，女子在被限制於家內的同時，家內的事務實際上也是交與給了女子，或者說，女子在家內是享有相當的權利。

　　與男女有別相關聯的另一內容就是內外防嫌，對於士紳階層來說，由於男女均或多或少地受過傳統儒家文化的直接教育或間接薰陶，他們對於「男女有別」的觀念更容易接受，並能夠在現實中加以實踐。但限制女性在同性別內的交往，則不容易做到，士紳們深感憂慮的就是她們與三姑六婆〔註175〕屢禁不絕的往來。「女人不得供養尼姑在家，此輩兩舌是非，多致離間骨肉。」〔註176〕三姑六婆是與社會打交道的職業中人，傳統士紳反對家人與其交往，實則是因爲怕家中婦人受其影響，或不甘心居於家內，或說長道短、搬弄是非。

　　三姑六婆的職業決定了她們必須越出家門，走街串戶，在社會上奔走，有時出東家進西家，世俗人情、世間百態她們最爲清楚，這些既是士紳嚴格防範家中女性討論的話題，也正是女性較感興趣的話題。三姑六婆的到來，不僅滿足了士紳家庭女性的好奇心，而且打破家裏原有沉悶的一成不變的氣

〔註174〕〔明〕黃標：《庭書頻說》，《叢書集成續編》第 61 卷，第 50 頁。

〔註175〕按：元代陶宗儀對三姑六婆分別進行了界定：「三姑者，尼姑、道姑、卦姑者也；六婆者，牙婆、媒婆、師婆、虔婆、藥婆、穩婆也。」見〔元〕陶宗儀：《輟耕錄》卷 10，「三姑六婆」條。影印文淵閣四庫全書本。其中的牙婆是買賣婢妾的中間人，媒婆是婚姻中間人，師婆是指女巫，虔婆是指妓院老鴇，藥婆是指賣女性用藥者，穩婆是指接生婆。傳統社會規定女性的正當職業是於家內從事的女紅、中饋等，而三姑六婆所從事的職業卻越出家門、出入公眾場合，打破男女防嫌，內外有別的儒家規範，所以受到士紳的指責。

〔註176〕〔清〕蔣伊：《蔣氏家訓》，《叢書集成新編》第 33 卷，第 213 頁。

氛；對外面精彩世界一無所知或知之甚少的士紳階層女性也是通過三姑六婆來獲得對外部世界的感性認識。三姑六婆的到來也可能會使家內女子原本平靜的心湖漾起漣漪、開始不安於家內，這種現象又會導致家庭秩序的動蕩與失範，三姑六婆將外面的信息傳入家內，這對於士紳階層爲求家庭穩定所倡導的嚴防內外、男外女內的倫理也是不符的，所以，受到他們的極力反對。

對於六婆之類的婦人可能對士紳家庭帶來的危害，明人黃標進行了細緻的分析：

> 不知婦人中有所謂六婆者，其人雖微，其害甚大，所當嚴爲拒絕者也。夫六婆大抵皆無依之婦，或爲飢寒所苦，不得已各執其業以爲生者，婦人至此廉恥已盡絕矣。日走百家之門，巧爲奉迎之計，而主人慢不覺察，恒以爲婦人也，而忽之。彼既知主人不禁，遂得各行其術於家人婦女之前，或誘以齋，或誘以巫，或誘以布施結緣，或誘以典當服飾，或誘以卦卜問壽夭，或誘以彈曲消寂寞。家人一爲所惑，而金錢粟帛將日見其消耗者矣，然此猶其害之小者。婦女生於閨門，不識詩書之義，而又以數輩妖魔鼓簧其間，挑斷是非，因而上下失歡，彼此不睦，大非家門之慶也。雖然此亦其害之小者。夫六婆所欲得者錢財耳，得其錢財，則門内之隱皆可宣揚於外；得其錢財，則户外之情又何難巧傳於内乎？甚至内外相通，踰牆鑽穴，在所不免。由此觀之，任用六婆是猶開門而招淫也。然六婆不足責，所可責者，身爲家主，不爲防微杜漸之謀，而爲開門招淫之計，亦甚愚矣。迨之事久情彰，諠騰人口，門楣爲之掃地，始恨六婆之害如此其甚也。彼六婆之肉其堪食乎？莫若峻往來之防，明出入之禁，庶幾家庭無事，閨範常端矣。〔註 177〕

這段話對六婆出入士紳家庭的危害，分析得比較詳盡。六婆之類的婦人出入士紳家庭會使士紳們感到有以下幾點擔憂：第一，六婆廉恥喪盡，道德修養欠缺——與這樣的人交往本身就有危險性——會有近墨者黑的危險；第二，六婆運用各種手段誘惑婦人，造成家庭財產損失；第三，六婆巧舌如簧，搬弄是非，造成家人不和；第四，六婆可能串通內外，導致家內婦人道德淪喪——這是士紳們所最擔心的事情，最終則是家人受辱，門楣掃地。

〔註 177〕〔明〕黃標：《庭書頻説》，《叢書集成續編》第 61 卷，第 53 頁。

　　總的來說，士紳階層對三姑六婆出入家門極爲謹愼。「尼媼、牙媒婆唱詞婦、穢行鄰婦勿容入室。」〔註178〕「三姑六婆，勿令入門。此輩或稱募化，或賣簪珥，或假媒妁，或治疾病，專一傳播各家新聞，以悅婦女。暗中盜哄財物，尙是小事；常有誘爲不端，魘魅刁拐，種種非一，萬勿令其往來。至於娼妓，更是不祥穢物，出入臥房，尤爲不可。媒婆穩婆，不能不用，擇其善者用之，亦不可令其時常往來。」〔註179〕對他們來說，錢財丟失，尙是小事，重要的是家中的女性因此可能受到誘惑而不安於現狀、不安於家內。

　　「所有這些婦女——蔑稱其爲『六婆』——都被正統的男性學者視爲對妻子女兒之德性的威脅，而且還有詐騙的嫌疑。……對這些女性來說，這些女客最大的吸引力之一，可能是她們帶進來了牆外世界的消息。」〔註180〕她們「會突破內外大防，在外間的敗壞世界和閨房的純潔天地之間來來往往。」〔註181〕三姑六婆的出入一方面會打亂士紳階層女性居於「內」的秩序，另一方面又會影響女性從事孝敬公婆、相夫教子等一系列家事，更有甚者，士紳階層女性也可能會受到她們的誘惑而不安於內室，因爲她們「……倡揚是非，惑亂人心。」〔註182〕這一切都對以往相對平靜祥和的家庭秩序構成極大的威脅，因此，明清士紳在家訓中反覆告誡家人，尤其是家中女性，盡量減少各種與外界交往的形式。究其實質，是以儒家的思想維護士紳階層的道德操守，以便與普通世俗民眾區別開來，顯示士紳階層的優越性。

　　外來人口進入家中引起士紳的反感，而家中女性走出家門，更會引起士紳的不安。明清士紳家庭的女性走出家門的情況以燒香拜佛、觀燈看戲、踏青上墳、結伴聯社爲主，而這些都使女性越出門內、走向家外，進入色彩繽紛的外部世界，這既與傳統社會文化所要求的女性工女紅、主中饋的主婦角色迥異，也與「男外女內」的性別社會觀相悖，結果有可能打破「男外女內」的性別社會觀，女性甚至有可能因此而「蕩心佚志」〔註183〕。「其小家步行者

〔註178〕　〔明〕許雲村：《許氏貽謀四則》，續修四庫全書本。
〔註179〕　〔清〕史搢臣：《願體集》，〔清〕陳宏謀輯：《五種遺規・教女遺規》卷下。
〔註180〕　〔美〕白馥蘭：《技術與性別：晚期帝制中國的權力經緯》，第111頁。
〔註181〕　〔美〕曼素恩：《綴珍錄——十八世紀及其前後的中國婦女》，第239頁。
〔註182〕　〔明〕呂得勝：《女小兒語・四言》，〔清〕陳宏謀輯：《五種遺規・教女遺規》卷中。
〔註183〕　〔清〕藍鼎元：《女學》卷5，《中國近代史料叢刊續輯》第41輯，第410冊，第317頁。

混集男子隊中，肩摩踵接，推背搪胸，受種種恥辱，無論已。即肩輿僕從往往至街巷填塞處有搴簾脫鞋探窗拔釵諸事。」〔註184〕

　　燒香拜佛等行為打破女性枯燥煩悶的日常生活，使她們能夠走向豐富多彩的外部世界，因此受到女性的青睞，而這一點也正是明清士紳階層擔憂的問題所在。她們不安於居於家內的現狀，她們走出家門與外人接觸，在陌生之地，將女性應該遵循的禮節喪失殆盡，完全違背士紳階層所期待的淑女形象，她們甚至還可能將外界的喧鬧與失序帶入家中，這一切都打破了原本寧靜的生活秩序，與傳統儒家文化對女性規範的居於內、安於靜的狀況大相徑庭，從而給士紳們帶來焦慮和不安。「這時婦人的虔心往往有些越軌的嫌疑，成為有爭議的話題，因為這樣做，一不小心就會破壞了士大夫官員學者們熟悉並喜好的那些家庭角色和家庭責任。」〔註185〕實際上，他們擔心的是，女性這樣做破壞的不僅僅是家庭角色和家庭責任，她們還破壞了儒家思想及社會主流意識形態所規範的女性應有的道德責任，即居於內、不言外、不出外等男外女內的性別社會觀。因此，對於女性走出家門，與外界進行的各類接觸，都受到士紳的反對與責難。「女婦日守閨閣，躬習紡織，至老勿踰內門。下及侍女，亦同約束。如有恣性越禮，遊山上冢，賽神燒香，衒露體面，殊非士族家法，子孫必泣諫之，父兄丈夫必痛遏之。」〔註186〕她們的這些做法，會放任情感、性情的自然流露，使女性顯得張揚、外顯，與傳統禮儀所規範的文靜、溫婉、溫順等靜的、內斂的女性氣質不相符合。並且，燒香拜佛、觀燈看戲、踏青上墳等現場均是男女雜處，場面混亂，這也違背了別男女、防內外的規範，「在戲劇小說裏，佛道寺廟被描寫成男女混雜之地，在那裏最可能發生戀愛事件。」〔註187〕其最終結果會導致男女秩序、家庭秩序乃至社會秩序的失範，這是士紳階層的深層憂慮。「他們對女信徒的看法頗為複雜：她們是如此混亂無序，亟待管理；她們又是如此脆弱，需要保護。無論如何，地方官員總是將朝聖途中的女性視為失序和道德淪落的象徵。他們將春遊踏青的婦女——去野炊或踏青——看成是不正當的調情活動而加以解散，他們對江南女性鍾愛的燒香拜佛活動抱怨不止。」〔註188〕地方官反對女性走出家

〔註184〕〔清〕沈赤然：《寒夜叢談》，《叢書集成續編》第 60 卷，第 714 頁。
〔註185〕〔美〕曼素恩：《綴珍錄——十八世紀及其前後的中國婦女》，第 226 頁。
〔註186〕〔明〕許雲村：《許氏貽謀四則》，續修四庫全書本。
〔註187〕〔美〕白馥蘭：《技術與性別：晚期帝制中國的權力經緯》，江蘇人民出版社
　　　　2006 年版，第 112 頁。
〔註188〕〔美〕曼素恩：《綴珍錄——十八世紀及其前後的中國婦女》，第 242 頁。

門，而深受儒家文化濡染的明清士紳又何嘗不是如此呢？

　　為防微杜漸，嚴男女之大防，男性的聲音不入閨門，女性的聲音不出閨門，至於異性隨便見面則更在嚴禁之列。可是，「有等婦人，競不避人，入寺燒香，登船遊玩」，對此「為丈夫者」如果「明知而縱之」是萬萬不行的。〔註 189〕王孟祺對於女子走出家門的一切行為都主張嚴禁，以防患於未然：「至於近時惡俗人家婦女有相聚二三十人，結社講經，不分曉夜者，有跋涉數千里外，望南海，走東岱，祈福者，有朔望入祠燒香者，有春節看春，燈節看燈者，有縱容女婦往來，搬弄是非者，閒家之道，一切嚴禁，庶無他患。」〔註 190〕

　　明清時期，士紳家庭的女性正是藉由燒香拜佛、踏青上墳、接觸三姑六婆等取得了與外界的聯繫，使她們寂寞之心得到些許慰籍，這些活動也給她們原本沉悶的家庭生活帶來一些活力，但是這卻有悖儒家思想及士紳階層所規範的女性角色——即足不出戶，安於家內，專一從事主中饋、工女紅、相夫教子的「本分」工作，不與外界接觸，以保持其貞節、操守及傳統社會對她們的規範。反之，這些有悖反之舉可能會使家人蒙辱，威脅到家庭秩序乃至社會秩序。與其將來悔恨，不如早作防範。「即一時之醜，孝子慈孫亦且蒙百世之辱，至此悔恨亦何及哉？然與其悔恨於後，莫若防之於先，勿因報賽而登山入廟，勿信邪說而往來六婆，勿畜俊僕而縱其出入，勿藏淫書而誘其情慾，勿令忍瓜葛之親而輕為宴會，勿令攀鄰人之壁而無故接談，如是而防閒之道明。」〔註 191〕

　　為謹守禮法，維持家庭倫理道德，明清士紳在家訓中對於女子從言行到居處到工作分工，都本著男女有別，內外防閒的宗旨，對女子進行規範，以使家庭秩序井然有序，家庭生活能夠正常運轉。身為家訓書寫者的男性或被男權觀念同化的女性書寫者，為維護傳統社會的倫理道德，對女子加強與外部世界聯繫的一切途徑如燒香拜佛、觀燈拜會甚至與三姑六婆的聯繫等都被他們嚴加痛斥。

　　男女有別、內外防閒的目的，究其實質，是不讓女子拋頭露面，暴露於外部世界，這樣，士紳階層的優越而特別之處由此彰顯出來。如若不加規約，

〔註 189〕〔清〕史搢臣：《願體集》，〔清〕陳宏謀輯：《五種遺規·教女遺規》卷下。
〔註 190〕〔清〕王孟祺：《講宗約會規》，〔清〕陳宏謀輯：《五種遺規·訓俗遺規》卷2。
〔註 191〕〔明〕黃標：《庭書頻說》，《叢書集成續編》第 61 卷，第 50 頁。

他們那些優越之處可能因此而不再優越，士紳階層也因此不容易和其它階層區別開來。或者說，其它階層也很容易躍升而爲士紳，士紳也很容易墮落到社會底層，這才是他們所眞正擔心的問題。「內外各處，男女異群的原則也更可能見於精英階級家庭；不讓女兒在公共場合拋頭露面是精英階級顯示其道德優越感的一個途徑。」〔註192〕

（二）女子名節在一身，婦道從一而終

無論是事宗廟還是繼後世，都是通過媳婦等新人的加入來擴大家族，使其連綿不斷地傳衍下去。女子嫁入夫家後，她可能會面對嚴苛的公婆、刁鑽的小姑、多舌的妯娌、時刻覬覦其地位的小妾等對象。當丈夫死去而子女尚幼小時，還要與企圖爭奪其財產的叔伯類的夫家人爭鬥，所有這一切無不考驗著女性的耐心與意志。當女子「面臨這些考驗時，她的英傑般的行爲可能與任何一個支撐家庭的男人所作的不相上下。」〔註193〕而寡婦再嫁，無疑是將其好不容易協調起來的以上各種人際關系統統捨棄，對於她們來說「再嫁意味著放棄已經加入的家庭。性質與丟棄父母的兒子相同，而不同於娶一位新妻子的男人。」〔註194〕再嫁入一個新家庭，她與新的家庭成員的關係如何，是一個未知數，而對於曾經經歷過家庭人際關係考驗的妻子更具有挑戰性，剛剛經歷的這些考驗似乎就在眼前，使她們害怕再次經歷 —— 這是女性再嫁面臨的內心困擾。

從外部環境來看，自元代開始的旌表節烈女子的政策，到明清時期達到高潮。國家旌表節烈婦女的做法始於漢代，明清時期，政府制定詳細的措施以褒獎貞節婦女。據《明會典》載：凡民間寡婦三十歲前夫亡守節，五十以後不改節者，屬旌表之列。〔註195〕《明史·烈女傳》中提到：「明興著爲規條，巡方督學歲上其事，大者賜祠祀，次亦樹坊表，烏頭綽楔，照耀井閭，乃至於僻壤下戶之女，亦能以貞白自砥，其著於實錄及郡邑志者，不下萬餘人。」〔註196〕

作爲少數民族入主中原，爲表明其接受以儒家思想爲代表的漢族文化的決心，清政府大力推行教化政策，在民間宣揚儒家倫理，旌表節烈婦女的政

〔註192〕〔美〕伊沛霞：《內闈 —— 宋代的婚姻和婦女生活》，第 233 頁。
〔註193〕〔美〕伊沛霞：《內闈 —— 宋代的婚姻和婦女生活》，第 176 頁。
〔註194〕〔美〕伊沛霞：《內闈 —— 宋代的婚姻和婦女生活》，第 176 頁。
〔註195〕萬曆《明會典》，卷 79，影印文淵閣四庫全書本。
〔註196〕〔清〕張廷玉等編：《明史》卷 301，《烈女傳》1，《序》。

策也被他們轉手接去。清政府列舉受表彰的女性有如下類別：節婦：三十歲以前守寡、至五十歲不改節者。烈女：殉家室之難者；拒姦之死者。孝婦：確有孝舅姑之行者。孝女：終身不嫁以事父母者。貞女：未婚夫死，聞計自盡者；未婚夫死，哭往夫家守節者。「『節婦熱』以及堂而皇之的石牌坊已經變成了清朝統治一種標誌。」〔註197〕《清史稿‧烈女傳》中說：「禮部掌旌格孝婦、孝女、烈婦、烈女、守節、殉節、未婚守節，歲會而上，都數千人。」〔註198〕

　　地方長官收羅可資表彰的貞潔婦女，並將她們相關的履歷層層篩選、逐級上報，最終到達禮部，經過禮部的終極裁決，受旌表的貞潔婦女家族可得到其上有皇帝御筆題詞的表彰書，這些節烈婦女的家庭也可能會被赦免數額不低的賦稅，政府也可能會為該女子撥下專款以建貞潔牌坊，這會被當作該地方長官的業績而載入史冊、政典。這樣，家族通過鼓勵女子守節獲得實際的物質利益，地方官員通過對女子守節的關注獲取業績，國家通過對這些節烈女子的褒獎而達到籠絡民心、穩固統治的目的。可以說，除了守節女子，其它參與者都是獲益者。

　　節烈行為在明清時期出現強化趨勢，也離不開士紳階層的參與。程頤反對再嫁的思想，因理學的推波助瀾，明清時期廣為人知：

　　　　問：「孀婦於禮，似不可取，如何？」伊川曰：「然！凡取，以
　　　配身也，若取失節者以配身，是己失節也。」又問：「或有孤孀貧窮
　　　無託者，可再嫁否？」曰：「只是後世怕寒餓死，故有是說。然餓死
　　　事極小；失節事極大。」〔註199〕

朱熹著《近思錄》引述了這段話。但是，這段話只可作為理想化的貞潔觀念，世俗女性在面臨著不嫁則死、再嫁則生的經濟窘境時，大多還是會選擇再嫁。後來，朱熹在敦勸時人時，將其語氣改造為更易接受的語言，朱熹的改造，就將理想化的寡婦貞潔觀念變通為一般人可以用來敦促女性守節的理論，並在明清時期的士紳階層中廣為傳誦。

　　基於家族、士紳、地方長官、王朝政權四方心照不宣的推動，明清時期倡導婦女保貞守烈的思想不斷加強。婦女守貞處烈的行為也愈演愈烈，節烈

〔註197〕〔美〕曼素恩：《綴珍錄——十八世紀及其前後的中國婦女》，第26頁。
〔註198〕〔清〕趙爾巽等撰：《清史稿》，《烈女傳一》，《序》，中華書局 1976～1978
　　　　年點校本。
〔註199〕〔宋〕朱熹：《近思錄》，影印文淵閣四庫全書本。

思想被灌輸到社會各個階層，士紳階層家庭的女子本身具有一定的識字能力，她們又多少受到傳統經典中節烈觀的影響，加之她們面臨的經濟問題要小得多，上層士紳家庭的女子甚至根本就不存在經濟壓力，所以這一階層許多女性實際上已經將節烈觀內化為個人自覺行為，在現實生活中自覺實施。

正如柳立言所說：（由於這種貞節觀念）「是一個經典的、由聖賢傳下來的觀念，要反對較難，要提倡較易，只要有地位的人們大力鼓吹，加上這觀念又切合一些重要的需要，再加上政府的有意讚助，這種觀念就容易成為風尚，特別在它能夠切合需要的階層中流行。」〔註200〕18 世紀末英國使臣來華觀察後指出：「不這樣做（作者按：此處指守節）的恥辱和這樣做所得到的榮譽，迫使婦女們不得不犧牲自己的性命。榮譽的可貴和恥辱的可怕，經過長期的滲透彌漫，迫使人們改變天性，由勉強入於自然。」〔註201〕

過去女子因為孝敬、柔順、溫和就可能受到表揚，但到封建社會後期，因國家專制制度的加強、程朱理學的影響，對女子的要求也更上一層樓，她擁有貞潔的品德對於丈夫家的忠誠更顯重要。「由此涉及到對女人本質的認識：一個女人並不因藏身不露、充分表現了『陰』的傾向而真正了不起，她完全剋制欲望才算是偉大。這也很好地說明了婚姻對於女人意味著什麼：與其說一個女人和一個男人結婚，還不如說她和一個家族譜系結婚。」〔註202〕

家訓實際上是一種理想化的狀態，它往往是對社會出現了相關現象後的一種矯正，與社會實際現象有區別，或者說是對社會實際現象的一種矯枉，從某種程度上來說，甚至是一種悖反，當社會上男女之間的關係趨於鬆懈，家訓強調禮別男女，嚴防內外；當社會上女性地位有所抬高時，家訓就強調「三從四德」，男主女順；甚至對女性諸如貞節等的苛求也與當社會現象緊密聯繫。從明朝中後期開始，隨著商品經濟的發展，市民階層興起，社會風尚也隨之發生變化，反映到女性道德操守方面，表現出弱化的趨勢，女性不安於從事女紅、中饋等家務，出遊、觀戲、甚至連男性也嚴禁從事的打牌等行為都在女性身上發生，所有這一切，引起士紳階層的憂慮。生活於康熙年間的藍鼎元指出，「今之婦人，未有不觀戲者，不惟觀之，且深嗜篤好，而必欲

〔註200〕柳立言：《淺談宋代婦女的守節與再嫁》，李貞德、梁其姿主編：《婦女與社會》，中國大百科全書出版社 2005 年版，第 244 頁。

〔註201〕〔英〕斯當東著：《英使謁見乾隆紀實》，葉篤義譯，商務印書館 1963 年版，第 217 頁。

〔註202〕〔美〕曼素恩：《綴珍錄——十八世紀及其前後的中國婦女》，第 26 頁。

觀之，或多方以求，或聯袂而往，此蕩心佚志之端，無益有損之事也。」〔註203〕而生活於乾隆時期的鄭板橋也指出：「吾邑婦人，……主中饋，習針線，猶不失爲勤謹。近日頗有聽鼓兒詞，以鬥葉（作者按——此處指打紙牌）爲戲者，風俗蕩軼，亟宜戒之。」〔註204〕在經濟相對發達的時代，在有些地區，一些膽大的女子從道學家設置的道德藩籬中偷跑出來，享受放縱的人生，引起士紳們的警覺，在他們看來，整個社會的道德規範不夠有序，他們開始呼籲要加強對女子的道德約束，貞節作爲其中內容之一，也受到關注。

在社會動蕩的戰爭年代，如明清易代之際，爲了勉勵男子忠君報國，對女子的貞節要求也變得苛刻起來，以求達到振奮男子的效果，他們以「烈女不更二夫」來呼應「忠臣不事兩國」。〔註205〕甚至有些明朝士紳此時因舊朝滅亡，盡忠無門；他們又不願仕宦新朝，也就無從報國。政治上一展宏圖的願望破滅，他們就擔當起文化教化的重任，他們宣傳女子保貞守節，以彰顯自己的文化功用。所以，無論是明清易代之際，還是經濟發達、社會奢靡的明朝中後期，士紳階層對要加強女子道德教育的呼籲從未停止過，並在家訓中加以強化。清朝統治穩固之後，統治者從明朝統治者手中轉手接過「忠君」的旗子，要求男忠君，女守貞，通過齊家以治國，從而達到國家長治久安的目的。

由於出發點和個人觀念的不同，明清士紳對於女性貞節觀及寡婦是否再嫁的認識也不盡相同。他們對於女子應持守貞節、潔身自好持一致的贊成態度，但對於寡婦是否守節，有堅決主張寡婦守節的，也有主張應視具體情況而定，尊重寡婦個人的意見及現實狀況。

1. 守貞與處烈

嚴男女之防走向極端，就表現爲要求女子守貞，要求其守護自己的身體貞潔就像保護生命一樣。明清士紳對女子守身持讚賞態度。藍鼎元在闡明男女有別是人獸不同的顯著特徵後，指出女子守身的重要性：「男女之防，人獸之關，最宜愼重，不可紊也。女子守身，當兢兢業業，如將軍守城，稍有一毫疏失，則不得生，故曰：吾不教也，敬身爲大焉。別嫌明微，必防其漸，

〔註203〕〔清〕藍鼎元：《女學》卷5，沈雲龍主編：《中國近代史料叢刊續輯》第41輯，第410冊，第317頁。
〔註204〕〔清〕鄭板橋：《板橋家書》，《范縣署中寄舍弟墨第四書》，第66頁。
〔註205〕〔清〕王相輯：《女子四書讀本》，《女範捷錄・貞烈篇》。

正本清源，必慎其始。可貧可賤，可死可亡，而身不可辱。」〔註206〕藍氏對女子守身作了一個形象的比喻——「如將軍守城」：女子守身就像將軍守城一樣，不能有絲毫放鬆，從而達到防微杜漸、正本清源的效果。強調女子守貞是父權制社會的產物，父權制確立後，要求母親生下確係父親的後代繼承財產，使財產不至於落入外人之手，隨著父權－男權制度的逐步完善，理學思想的滲透，要求女子守貞的思想也日益強化。呂坤在《閨範‧女子之道》中專列有「貞女」條，指出：

> 女子守身，如持玉巵，如捧盈水，心不欲為耳目所變，跡不欲為中外所疑，然後可以完堅白之節，成清潔之身。何者，丈夫事業在六合，苟非瀆倫，小節猶足自贖。女子名節在一身，稍有微瑕，萬善不能相掩。然居常處順，十女九貞，惟夫消磨糜爛之際，金久煉而愈精；滓泥污穢之中，蓮含香而自潔。則點潔者亦十九也。〔註207〕

呂坤強調：第一，女子守身要謹小慎微，要像煉金一樣，越煉越精，像出於污泥的蓮花一樣，含香自潔；第二，和女子相比，男子小節有污，只要不是褻瀆倫理，還可以挽回，而女子守身不能稍有瑕疵，否則即使有萬善也不能掩蓋這一缺陷；第三，在太平時期，女子守貞容易，在非常時期女子守貞難，就更顯珍貴。

呂坤在《閨範》中列舉了一個未嫁女守貞的典範：

> 江南有一女子，父繫獄，無兄弟供朝夕，女與嫂往省之。過高郵，其郡蚊盛，夜者轟雷，非帳中不能避。有男子招入帳者，嫂從之。女曰：「男女別嫌，阿家為誰，而可入也？」獨露宿草莽中。行數日，竟為蚊噆而死，筋有露者。土人立祠祀之，世傳為露筋廟。〔註208〕

呂坤評價說，在姑嫂片刻不分離的情況下，到民舍投宿也未嘗不可，也不會招人議論。但該女子將禮和名看得重於生命，才會出現這類事情。如果男女

〔註206〕〔清〕藍鼎元：《女學》卷2，《婦德篇中》，《近代中國史料叢刊續輯》，第41輯，第410卷，第85頁。

〔註207〕〔明〕呂坤：《閨範‧女子之道》，〔清〕陳宏謀輯：《五種遺規‧教女遺規》卷中。

〔註208〕〔明〕呂坤：《閨範‧女子之道》，〔清〕陳宏謀輯：《五種遺規‧教女遺規》卷中。

之道不明，即使「心可自明，而跡易生疑」，他進而指出，男女無別而不會苟合者有之，但男女苟合卻都起因於男女無別。〔註209〕女子守貞的起始階段是別男女，別男女的高級階段就要求將身體看得和生命一樣不可侵犯，所有這一切都要歸功於王朝政府、宗族、士紳的聯合作用。

　　當女性面臨生則遭受侮辱，死則保全貞操的情境時，明清士紳普遍讚賞以死殉節。女子為保家及自身不受侵犯，威逼不屈，利誘不從，寧死不辱，以死殉節的者，女為「烈女」，婦為「烈婦」。「女子之道，守正待求，不惟從一而永終，亦須待禮而正始。命之不穀，時與願違。朱顏無自免之術，白刃豈甘心之地。然而一死之外，更無良圖，所謂捨生取義者也。」〔註210〕

　　求生畏死是人之常情，但是，當面臨困境而別無他法時，要捨生取義，以保全名節，這才是女子之道。但是，他們更主張以智取勝，儘量避免死於事，即使萬不得已，也要運用智慧與強權週旋，儘量將損失降到最低。呂坤就介紹了這樣一個故事：紹興初年，有詹家人遭到強盜襲擊，父子被抓，緊要關頭，其家十七歲的女子，對強盜說，原意以己身換回父兄的性命，強盜就放了其父兄，該女子與強盜一同離去，在路上，該女子伺機投水而死。在呂氏看來，該女子的這一做法，既救了父兄的命，又保全了自身的清白，是值得稱道的。所以呂氏評論道：「宋儒有云：『死天下事易，成天下事難。』故聖人貴德，尤貴有才之德，詹女委曲數言，忍死數里，而父兄俱脫於兵刃之下，向使罵賊不屈，闔門被害，豈不烈哉！而一無所濟，智者惜之，若詹烈女，可謂處變法矣。」〔註211〕

　　由於為女是為婦的準備階段，明清士紳在家訓中勸諭為女時保貞守節，使女子將貞節觀念內化為個人行為，這樣，既期望為人女者面臨家庭和個人遭受侵犯時能夠遵守儒家倫理規範，使個人及家庭不至於受辱而有損該家庭乃至該階層的形象，也期望其將來為人婦時將這一內化的思想繼續發揮作用，以維護夫家的名譽地位，從而達到家庭穩定、國家長治久安的終極目的。

〔註209〕　〔明〕呂坤：《閨範・女子之道》，〔清〕陳宏謀輯：《五種遺規・教女遺規》卷中。

〔註210〕　〔明〕呂坤：《閨範・女子之道》，〔清〕陳宏謀輯：《五種遺規・教女遺規》卷中。

〔註211〕　〔明〕呂坤：《閨範・女子之道》，〔清〕陳宏謀輯：《五種遺規・教女遺規》卷中。

2. 守節與改適

中國傳統思想認爲男性以宗嗣祭祀爲重，妻子死後，男性可以再娶；但女性則以守貞爲正，夫死不能再嫁，寡婦再嫁即屬非禮。丈夫死後，寡婦終身守節不再嫁者，稱爲「節婦」。在明清以前，寡婦再嫁的現象極爲普遍，也未遭到社會歧視。到了明清時期，受理學的影響，士紳階層普遍要求寡婦守節，甚至必要時付出生命代價以保全節操。

我們比較司馬光《家範》及明代呂坤的《閨範》和清代王相母所著的《女範捷錄》守節婦女的類型，來看從宋朝到明清時期，士紳階層對於婦女貞節觀的期許有何變化。司馬光在《家範》中收有 18 位節烈婦女，其中守節而死者有 6 人，她們被稱爲「烈女」，爲守節而自殘者有 4 人，剩下 8 位是既沒殘也沒死而成功地達到守節目的。呂坤所著《閨範》中收錄節烈婦女有 16 人，其中守節致死者有 9 人，爲守節而自殘者有 6 人，只有 1 人是既未死也未傷而守節。清人王相輯《女範捷錄》中褒揚的節烈婦人有 22 人，其中烈婦有 9 人，自殘者有 3 人，未死也未殘而達到守節目的者有 9 人。見下表：

表 4-2　《家範》、《閨範》、《女範捷錄》中的節烈婦女比較

家訓著作	自殘者	致死者	全身保貞節者	合計
《家範》	4	4	8	16
《閨範》	6	7	1	14
《女範捷錄》	3	9	10	22

製表說明：本圖據司馬光：《家範》（影印文淵閣四庫全書本）、呂坤：《閨範》（陳宏謀輯：《五種遺規‧教女遺規》卷中，1868 年湖文書局刻板。）和王相輯：《女範捷錄》（《女子四書讀本》）繪製。

從上表中可以看出，司馬光所讚揚的節婦中，他更欣賞能夠全身保持節操者，而他所錄的 4 位烈婦中有 2 位是面臨強勢，求生無門的情況下捨生取義的。那些自殘者均是夫死後面臨養老育小的重任時所作的選擇。所以，當女性面臨是以死明志還是自殘苟活，來盡爲婦爲母之道時，司馬光傾向於主張婦人以家庭爲重，擔當起支撐家庭的重任，並不激賞婦人殉死以彰顯節烈。「他筆下的節婦僅僅抵制了努力勸說她們再婚的父母，全部願望都寄託在繼續照顧公婆或孩子上。她們可能會自殘以便讓求婚者洩氣，但是不會輕生。……他還鼓勵女人仿傚爲避免被姦污而自盡的少女、妻子或寡婦，但是

並不把再婚等同於被強姦。」〔註212〕

　　到了明朝，由於政府的倡導、理學的鼓譟，士紳的推動、家族的驅迫，要求婦女節烈的觀念日益強化，普通的守貞保節已司空見慣，不足以激蕩人心，更激烈的節烈風氣受到推崇。〔註213〕呂坤所錄的16位節烈婦女中，烈婦占9人之多，超過整個節烈婦女一半以上，其次是自殘而守節者，而全身守節者，呂氏只錄入1人。說明有明一代，整個社會對於寡婦殉節持期許的態度。

　　但是，在呼籲妻子殉夫於地下的同時，也有士紳主張視具體情況而定，尤其當上有老下有小，需要仰事俯育時，寡婦殉夫也遭到許多士紳的阻止。如楊繼盛指出，人之殉死要持審慎態度，要死得其所：「人的死有重於泰山和輕於鴻毛，當死則死，則死比泰山尤重；不當死而死，則無益於事，比鴻毛還輕。」所以，「婦人家有夫死同死者，蓋以夫主無兒女可守，活著無目，故隨夫死，這才謂當死而死，死有重於泰山，才謂之貞節。若夫主雖死，尚有幼女孤兒，無人收養，則婦人一行，乃夫主宗祀命脈，一生事所繫於此，若死，則棄夫主之宗祀，墜夫主之事業，負夫主之重託，貽夫主身後無窮之患，則死不擔輕於鴻毛，且為眾人之唾罵，便是不知道理的婦人。」〔註214〕楊氏的出發點雖是為了丈夫家能保全「宗祀命脈」，但他指出不能隨便殉夫，應以大局為重，反映出他的思想中人文色彩，這是值得肯定的。

　　清朝初期，主張寡婦守貞處烈思想的仍大有人在，尤其是明清易代之際，婦女殉節，被當作忠於明朝的英雄行為而被大肆宣揚。但清朝江山穩固後，在整頓思想秩序時，士紳們對寡婦殉夫於地下的壯舉卻持懷疑態度，他們認為這是女子經受不住殘酷現實考驗而做出的不負責任的表現，是遭遇困境時的一種逃避；認為寡婦自盡是因為忍受不了夫死之後的艱難處境，而不是為了守貞，尤其是貧窮人家的寡婦，貧困的生活使其每每捉襟見肘，倍感艱辛，若沒有堅強的意志，尤其是年輕寡婦，很難不再改嫁，或有的節烈婦女乾脆

〔註212〕〔美〕伊沛霞：《內闈——宋代的婚姻和婦女生活》，第175頁。
〔註213〕已有研究顯示，明清兩代婦女殉節自殺行為的增加，事實上也與男人在科舉考試中屢次失敗的辛酸所反映出來的焦慮緊密相連。這些在客場失意的士人，通過對婦女所經歷的苦難的表彰，似乎好像自己的道德職責也得到了完成。見 T'ien Ju-K'ang,Male Anxiety and Female chasity: A Comparative Study of Chinese Ethical Values in Ming-Ch'ing Times Cleiden: E.J.Brill,1988 pp xiii-xiii. 轉引自陳寶良：《明代儒學生員與地方社會》，第126頁。
〔註214〕〔明〕楊繼盛：《楊忠愍集》卷3，《赴義前一夕遺囑》。

以死殉夫，來結束這苦難的人生歷程。藍鼎元曾一語道破天機：「烈易而貞難，守貞者富易而貧難。」〔註215〕寡婦殉夫，使得這個本已喪失兒子，且上有老下有小的家庭雪上加霜，也可能因此進一步滑向家破人亡的深淵，果真如此，自然不利於家庭的穩固與保全，受家國一體觀念的影響，統治者也擔心最終會危及國家秩序，這是清政府所不願發生的事情。所以，本著「齊家以治國」的目的，統治者主張，在夫死後，真正有節操的婦人應為了家族的存續與繁衍而繼續恪盡婦道，不應一死了之。這也是王相母在《女範捷錄》中將全身保持節操者的婦人作為彰顯重點的原因。清朝文集中的行狀、碑銘等對於寡婦的讚揚也主要表現在其歷盡艱辛仰事俯育，挽救行將傾覆的家庭於不墜，並最終為國家輸送棟樑之才。

從上述表格中我們也可以看出，從宋代到明代再到清代，士紳階層對於強調婦女殉節的期望到明代時達到頂峰。明朝時，普通的守貞已不再能夠激起人們的讚賞，激烈的烈婦行為被士紳所褒揚，這是國家、士紳、家族多方合力作用的結果。到了清朝，雖然士紳們依然強調：「婦道從一而終，豈以存亡改節，夫死不嫁，固其常也，不幸而遭強暴之變，惟有死耳，玉潔水清，可殺不可辱，千載而下，有餘榮焉。若畏死貪生，至於失節，則名雖為人，實與禽獸無異矣。」〔註216〕並湧現出許多節烈壯舉。但政府強調婦人保全節操恪盡婦道以穩定家庭的思想也開始發揮作用，所以，《女範捷錄》中婦人全身保節者人數開始上升，且超過烈婦和自殘身體者。

明清士紳均主張女性在面對強權時，運用智慧全身保節。呂坤在《閨範》中介紹了一個用智全節者：「王氏，睢陽人，趙乙子之妻也。子乙早死，王氏誓不改嫁。靖康之亂，自以年少有姿，行節難保，乃以堊土塗面，蓬頭散足，負姑，攜幼子，避地而南，人無犯之者。流離四年，至溫陵，徙居於蒲，終身清白。」對此，呂坤評價說：「冶容誨淫，王氏知之矣。……奈何以一面目，賣一身之禍哉！烈女智不及此，誠可悲益！吾表王氏，以為美婦避亂之法。」〔註217〕藍鼎元對於生當亂世的婦人被殺並不擔憂，他擔心的是關鍵時刻名節

〔註215〕〔清〕藍鼎元：《鹿洲初集》卷 9，《貞潔汪太君傳》，影印文淵閣四庫全書本。

〔註216〕〔清〕藍鼎元：《女學》卷 5，沈雲龍主編：《中國近代史料叢刊續輯》，第 41 輯，第 410 冊，第 105 頁。

〔註217〕〔明〕呂坤：《閨範・婦人之道・守節之婦》，〔清〕陳宏謀輯：《五種遺規・教女遺規》卷中。

受辱，此時，慷慨捐軀，不失爲良策，但他更欣賞以智全身保全名節者。「婦人當亂世，所憂不在見殺，惟懼名節難保爾。慷慨赴死，以全清白之軀，斯爲上矣。其或未遇擄掠，相率逃難，則必毀容貌，惡衣服，使人畏忌，不生覬覦之心。近世有以青藥敷面，僞爲癩疾，盜賊莫敢相逼，尤保全名節之善計也。」〔註218〕

對寡婦守節，明清士紳普遍持贊同態度，相比較而言，明代士紳要求女子守節持更強硬的態度。如明人曹端規定族人：「諸婦夫死，又能持節守義而終身不願再嫁者，主父、主母當厚恤養，以全其志，毋使失所。」相反，對於改適他人者則斷絕往來：「諸婦夫死，而忘恩負義願適他人者，終身不許來往。」〔註219〕明人袁黃在《訓子言》中設有功過格，其中規定：完一婦人節，其功相當於「救免一人死」「准百功」。而「受觸一原失節婦，則准十過」。〔註220〕這樣在對功與過或獎勵或懲罰的勸諭中，男子自然儘量避免迎娶寡婦，甚至人們不再與失節婦女交往。

婚姻是與榮譽和身份緊密聯繫的，女子在保持家庭男子——父親、丈夫、兄弟、兒子——的榮譽方面發揮著重要作用，女人如果因爲再次出嫁而使家庭地位蒙受損失，她的行爲將不受支持，甚至是反對。但如果不再改嫁可能有更不利的情況發生，（如寡婦可能不能抵擋欲望而發生不正當的戀情）使其不能保持節操時，同意其改嫁，又可能會成爲退而求其次的選擇，這種想法，可以保證家庭地位與榮譽不再繼續墮向不可預知的深淵。家訓作爲一種文化，同樣離不開生長的土壤環境，隨著社會改嫁之風的熾烈，或由於守節這一事情本身的不易，士紳們也在家訓中做出了變通，他們讚賞夫死能夠守節不再改嫁者，「婦人嫠居而能矢志不貳，或撫孤，或立後，其遇可矜，其行可敬」。但對於因種種原因而不願守節者，他們給予同情和理解，「無志節者不可強」，「秉志節之婦，固當求所以保全之矣。其或性非堅定，不願守貞，或勢逼飢寒，萬難終志，則孀婦改適，功令亦所不禁，不妨聽其自便，以通人紀之窮；強爲之制，必有出於常理外者，轉非美事。」〔註221〕

和社會下層寡婦相比，士紳階層的寡婦守節有以下幾方面的優勢：首先，

〔註218〕〔清〕藍鼎元：《女學》卷5，沈雲龍主編：《中國近代史料叢刊續輯》，第41輯，第410冊，第332～333頁。

〔註219〕〔明〕曹端：《曹月川集・家規輯略》，影印文淵閣四庫全書本。

〔註220〕〔明〕袁黃：《訓子語》，《叢書集成新編》第33卷，第109頁。

〔註221〕〔清〕汪輝祖：《汪龍莊先生遺書》，《雙節堂庸訓》卷3，《治家》。

有經濟後盾。大清律例經濟條規定：「改嫁者，夫家財產及原有妝奩，並聽前夫家爲主。」這條規定原本是鼓勵寡婦在丈夫死後，能夠留在夫家不再改適，養老育小，以維持原有家庭的穩定。但該法律的制定者卻沒有想到，這一規定對寡婦守節卻帶來不利因素，夫家親戚可能會爲了謀取其財產而強迫寡婦改嫁。在經濟條件不太好的社會下層民眾中，夫家親戚爲謀取財產，強迫寡婦再嫁的現象時有發生。但是，我們從士紳家訓中卻看不到鼓勵寡婦改嫁的說法，究其經濟原因，是因爲，相對來說士紳家庭在經濟上比較寬裕，財產糾紛的現象不太突出，寡婦守節有物質上的支持。其次，士紳階層深受理學薰陶，該階層中的女性自然也或多或少受到理學的直接或間接影響，更容易將寡婦守節思想內化成個人行爲。第三，從消極方面來說，士紳階層和其它階層的最大差異，就是擁有知識及伴隨著知識而來的家庭的名譽、階層優勢，寡婦再嫁有違傳統禮制、毀壞家庭名譽、抹殺階層優勢，並不爲士紳階層所看好。而社會底層的寡婦再嫁時就沒有這麼多的顧慮。這樣，在物質和精神的雙重支撐下，明清士紳家庭的寡婦再嫁更困難，要求他們守節的呼聲更高。

但是，守節寡婦一旦發生名節有污的事情，反而會連累夫家，導致夫家及娘家名譽受損，這種損失，比寡婦再嫁侵害名譽而造成的危害更嚴重一些，兩相權衡，與其堅持讓寡婦守節而不能善終，不如聽其改嫁而善終。有些士紳爲保全家庭名譽，對寡婦守節抑或改嫁持客觀的態度，有人建議視寡婦自己的意願而定：「少寡不必勸之守，不必強之改。」當寡婦意願不明時，「自有直捷相法。只看晏眠蚤起，惡逸好勞，忙忙地無一刻丟空者，此必守志人也。身勤則念專，貧也不知愁，富也不知樂，便是鐵石手段。若有半晌偷閒，老守終無結果。吾有相法要訣，曰：寡婦勤，一字經。」〔註222〕

綜上所述，明清士紳對於女性保持貞潔均持激賞的態度，而對於烈女和烈婦的激烈的行爲則持謹慎的態度，當面臨困境，形勢危急，捨死之外，沒有其它方法可以保全自身的情況下，捐軀保身是明清士紳所讚賞的行爲。「身當凶變，欲求身，必至失身，非捐軀不能遂志。死乎不得不死，雖孔孟亦如是而已。」〔註223〕要善於運用求死之道：「不愛死，不求死，不得已而後死，

〔註222〕〔明〕溫璜輯：《溫氏母訓》，《叢書集成新編》第 33 卷，第 203 頁。
〔註223〕〔明〕呂坤：《閨範‧婦人之道》，〔清〕陳宏謀輯：《五種遺規‧教女遺規》卷中。

其善用死者哉！」〔註 224〕當然，他們更欣賞運用聰明才智，不但保全節操而且保全生命的才德兼備的女性。對於寡婦殉夫，許多士紳在家訓中都主張要以養老育小爲重，不能因一時的節烈而置家人於不顧——該家庭可能因此而傾覆，這是士紳階層及清政府都不願發生的事情。

　　雖然寡婦殉夫在明朝和明清易代之際，受到推崇，但在整個有清一代，這種行爲因可能直接導致家庭的不穩乃至顛覆，間接影響到國家的穩定，與清政府所期望的「齊家以治國」的國策相背離而受到指責，克服困難、養老育小的婦人成了士紳期許的典範。這一時期，對於寡婦是守節還是改嫁，總的趨勢還是主張守節，但當寡婦不能終身守節，可能出現名節有污，從而危害到士紳家庭的聲譽時，權衡利弊，有些士紳主張不要勉強難守志節之人。這些思想顯示出明清時期在理學思想的籠罩下，即使在正統思想居統治地位的家訓中，還是出現了一些人文關懷的端倪。所有這些思想最終都指向一處，即女性的所做所爲要符合儒家的倫理規範，以使士紳家庭能夠正常運轉，不致墮入社會底層，失去階層的優勢。

三、女性學習觀

　　因爲經濟原因，社會下層女子必須爲生計操勞，要幫助父母承擔許多繁重而瑣碎的家務勞動，她們沒有時間學習文化知識，她們所接觸的也多是不識文墨者，無錢和無閒使她們與文化學習無緣。「養女多不教讀書識字」〔註 225〕的情況應是發生在這類女子身上。但士紳家庭出生的女子相對來說既有閒又有錢，她們處於文化氛圍的濡染之中，自覺與不自覺中都會學到一些知識。明人唐順之曾自豪地說：「吾唐氏之先以詩書長，厚創其家，子孫相與守之，其女子亦往往有化於其風者。」〔註 226〕

　　士紳階層在文化上是持有者，在經濟上也不貧乏，文化上的優勢使得他們有機會將其文化資本傳與子孫後代（包括女性後代），經濟上的富有使得他們本人及其家人可以不必爲生計操心太多，而能夠專心向學，這也爲士紳階

〔註 224〕　〔明〕呂坤：《閨範・婦人之道》，〔清〕陳宏謀輯：《五種遺規・教女遺規》卷中。
〔註 225〕　〔明〕呂坤：《閨範》，序，〔清〕陳宏謀輯：《五種遺規・教女遺規》，卷中。
〔註 226〕　〔明〕唐順之：《荊川集》卷 10，《吳母唐孺人墓誌銘》，影印文淵閣四庫全書本。

層家庭中的女性接觸文化奠定了物質基礎。基於這兩點原因，士紳階層家庭中的女性都能夠或多或少地學得一些知識。

士紳階層對於女子學習文化知識持何態度呢？他們在家訓中普遍談到品德培養和技能學習：女子應該修養德性，培養悠閒貞靜、孝敬仁明、端莊文雅、勤勞儉樸、慈和柔順等各種美德，並學習各種生活技能如女紅、中饋、祭祀等，這些內容多偏重於婦德的培養，是爲了女子能夠應付日常家務和進一步學習禮法，以便將來能夠孝敬翁姑、順從丈夫、主理家事，擔當起一個爲人稱道的家庭主婦角色。

清人王相母親曾說，生養了孩子，卻不對其進行教育，孩子長大了就不懂禮儀。對於男子來說，還可以通過「尊師取友」來規過向善，但對於待字閨中的女子來說，如果不早點接受教育，她們長大後就不知道效法什麼，不知道什麼是善的。所以，「教女之道，猶勝於男。」〔註227〕大多士紳對女子接受教育均持肯定態度，女子學習的內容、學習程度的深淺、學習的年限、學習的步驟等，卻因家庭背景的差異、家訓作者的要求不同而各有千秋。

明清士紳家訓中對女子學習所持態度，主要通過兩種方式表現出來。一是有些家訓作者直接點明讀書學習的必要，二是我們通過份析傳記式家訓中被立傳女子特點，可以窺出作者的觀點。大體來說，有兩種觀點：一種是認爲女子應該學習一定的知識，但要適可而止，她們只要粗通文墨即可；另一種觀點認爲，女子應該讀書學習，而且應該兼習經史。至於說不主張女性讀書識字的觀點卻並不多見——雖然當時社會流行「女子無才便是德」的說法，但涉及到士紳之家，卻並沒有主張女子不讀書識字的，出於修身與治家的需要，明清士紳均主張女子要進行一定的知識學習。明清士紳家訓中關於女子學習的討論，主要表現在以下幾個方面。

（一）「教女之道，猶勝於男」

明清時期，雖然來自社會下層家庭的女子因無錢和無閒而與讀書學習無緣，但士紳階層家庭的女性卻相對有錢有閒，可以接觸到文化知識，對於她們是否學習，明清士紳還是普遍持贊同的態度，並指出女子學習的必要性。藍鼎元指出了婦人對於治理天下所起到的根本作用：「天下之治在風俗，風俗之正在齊家，齊家之道當自婦人始。」〔註228〕而婦人是需要通過讀書識字等

〔註227〕〔清〕王相輯：《女子四書讀本》，《女範捷錄》。
〔註228〕〔清〕藍鼎元：《鹿洲初集》卷 5，《女學自序》。

學習來提高其齊家的技巧。明代士紳呂坤就欣賞「先王重陰教，故婦人有女師。講明古語，稱引昔賢，令之謹守三從，克尊四德」的先代做法，認爲這樣做是「爲夫子之光，不貽父母之辱。」後世「教衰，而閨門中人，竟棄之禮法之外矣。」其結果是「生閨閣內，憤聽鄙俚之言；在富貴家，滋長嬌奢之性。首滿金珠，體遍穀羅，態學輕浮，語習僞巧，而口無良言，身無善行。舅姑姒娣，不傳賢孝之名；鄉黨親戚，但聞頑悍之惡。」究其原因，是「不教之過」。〔註229〕有鑒於此，女子就應該和男子一樣享有學習受教育的機會：「天下無不可教之人，亦無可以不教之人，而豈獨遺於女子也？」〔註230〕王相母針對當時社會流行的「女子無才便是德」〔註231〕的思想進行反駁：「男子有德便是才，斯言猶可；女子無才便是德，此語殊非。」〔註232〕她認爲德與才是相輔相成的，兩者並行不悖，女子有才也並無過錯，不善之事的發生與才能並無關係，如果能夠以才能匡君正家，布德免禍，即使是婦人，這種才能也屬經濟之才。「夫德以達才，才以成德，……若夫爲不善，非才之罪也。故經濟之才，婦言猶可用；而邪僻之藝，男子亦非宜。」〔註233〕對於教育子女來說，男子應該接受教育，女子也不能例外，況且古代有才之女不一定無德，而無德者又不一定有才，德性與才能並非水火不容。「君子之教子也，獨不可以訓女乎？古者后妃夫人以逮庶妾匹婦，莫不知詩，豈皆無德者歟？末世妒婦淫女，及乎悍妻潑媼，大悖於禮，豈盡有才者耶？」〔註234〕所以，「女子之知書識字，達禮通經，名譽著乎當時，才美揚乎後世。」〔註235〕

有德又有才的女子才眞正受社會欣賞。「聖人貴德，尤貴有才之德。」〔註236〕有聰明才智的女子，近可以助夫保家，遠可以保國。「婦人之明識，誠可謂知人免難，保家國而助夫子者歟。」〔註237〕呂坤也對閨閣中的明達之婦專列一節，以示褒揚，而明達之婦就是「見理眞切、論事精詳，有獨得

〔註229〕〔明〕呂坤：《閨範・序》，〔清〕陳宏謀輯：《五種遺規・教女遺規》卷中。
〔註230〕〔清〕陳宏謀：〔清〕陳宏謀輯：《五種遺規・教女遺規》，《序》。
〔註231〕〔明〕陳繼儒：《安得長者言》，《叢書集成新編》第14卷，第382頁。
〔註232〕〔清〕王相輯：《女子四書讀本》，《女範捷錄・才德篇》。
〔註233〕〔清〕王相輯：《女子四書讀本》，《女範捷錄・才德篇》。
〔註234〕〔清〕王相輯：《女子四書讀本》，《女範捷錄・才德篇》。
〔註235〕〔清〕王相輯：《女子四書讀本》，《女範捷錄・才德篇》。
〔註236〕〔明〕呂坤：《閨範・女子之道》，〔清〕陳宏謀輯：《五種遺規・教女遺規》卷中。
〔註237〕〔清〕王相輯：《女子四書讀本》，《女範捷錄・智慧篇》。

之識，有濟變之才。」〔註238〕這些才能沒有後天的教育又焉能獲得？

　　陸桴亭等人甚至提出了教育女子比教育男子更急迫、更重要，因為男子失教還可以指望長大後從老師和朋友那裏補偏救弊，而女子一旦失教就難以挽回了：「人家教子弟固是要事，教女子尤其為至要，蓋子弟失教，至長大讀書知世事，猶有變化氣質之時。若女子失教終身無可挽回，大則得罪姑嫜，則壞風俗；小則隳壞家事，貽譏親黨，豈細故哉？」〔註239〕《女範捷錄》中說：「夫婦造萬化之端，五常之德著而大本以敦，三綱之義明而人倫以正，故修身者齊家之要也，而立教者明倫之本也。」這個「立教」是否既包括家中男子也包括家中的女子呢？答案是肯定的。因為如果子女小時沒受到教育，長大不懂禮儀，「在男猶可以尊師取友以成其德，在女又何從擇善誠身以格其非耶？」所以，「教女之道猶勝於男。而正內之儀，宜先乎外業也。」〔註240〕姚舜牧也指出：「蒙養不專在男也，女亦須從幼教之，可令歸正。」〔註241〕

　　我們從相關文集中的傳記等篇章中也可以看出，士紳家庭中的女性大多都擁有一定的知識，如歸有光記敘幼年時母親督促他學習的情景：「有光七歲與從兄有嘉入學，每陰風細雨，從兄輒留，有光意戀戀不得留也。孺人中夜覺寢，促有光暗誦《孝經》，即熟讀無一字齟齬乃喜。」〔註242〕試想，有光母親如果對《孝經》不是瞭如指掌，又怎能督促有光讀書直到「無一字齟齬」？可以看出這一階層的女性有一定的知識水平。另外，我們也可以從相關的文獻典籍中約略瞭解當時女子學習的情況：「大司馬完學女孫，少穎異，十齡，手錄《女誡》及《列女傳》，心嚮往之。」且賦詩一首以示其志向：「夫婦一生今夕終，道義千秋今日始。」〔註243〕這位女童十歲就可以手錄《女誡》及《列女傳》，並且已經能夠賦詩，可見其學習已初見成效。

　　明清士紳普遍主張女子應該同男子一樣接受教育，學習一定的文化，尤其是在道德修養方面得到顯著提高，以便能夠勝任將來為人妻為人母的角

〔註238〕〔明〕呂坤：《閨範・夫婦之道》，〔清〕陳宏謀輯：《五種遺規・教女遺規》卷中。

〔註239〕〔清〕陸桴亭：《思辨錄輯要》，《女子四書讀本》，陳宏謀輯：《五種遺規・訓俗遺規》卷 2。

〔註240〕〔清〕王相輯：《女子四書讀本》，《女範捷錄・才德篇》。

〔註241〕〔明〕姚舜牧：《藥言》，《叢書集成新編》第 33 卷，第 197 頁。

〔註242〕〔清〕歸有光：《震川集》卷 25，《先妣事略》，影印文淵閣四庫全書本。

〔註243〕〔清〕計六奇：《明季北略》卷 11，「陸貞女」條，第 189 頁。

色。〔註244〕並且，由於女子的學習是在家庭內部進行的，她們學習的時間也主要集中在出嫁前有限的年限裏，她們的學習既顯得迫切，又顯得重要；加之女子不能像男子一樣外出求師訪友，不能依靠師友的助益，對她們的教育也要更緊迫。總的來說，明清士紳均主張女子學習必要的文化，以便將來能夠起到相夫教子的作用。但對女子是否學習詩詞歌賦都一概持反對的態度。擔心她們學習詩詞歌賦之後一方面耽誤其操持家務，另一方面詩詞歌賦會使女子心旌動搖，進而可能導引她們做出有悖情理的事情從而影響到家庭的穩定、有損家庭的名譽。

（二）「相夫教子，知書達理」

1. 粗通文墨，以相夫教子

士紳階層的特殊性，決定了他們或出外就學，或外出為官，甚至可能出現丈夫早逝而子女尚幼小的情況，這時，除了妻子外，沒有人能夠支撐起整個家庭，妻子責無旁貸地擔當起治家大任，這種時候也正是考驗妻子的時刻，其家道的隆替，一方面與男子的學業有成與否有關，另一方面也與女子治家有方與否大有關係。妻子的見識與智慧在其中發揮極大作用。「治安大道，固在丈夫；有智婦人，勝於男子。遠大之謀，預思而可料；倉卒之變，泛應而不窮。求之閨閫之中，是亦笄帷之傑。」〔註245〕

宋人袁采對於女子讀書學習的隱性功能作出了全面的分析：「婦人有以其夫蠢懦而能自理家務，計算錢穀出入，人不能欺者；有夫不肖而能與其子同理家務，不致破產蕩產者；有夫死子幼而能教養其子，敦睦內外姻親，料理家務，至於興隆者，皆賢婦人也。而夫死子幼，居家營生，最為難事：託之宗族，宗族未必賢；託之親戚，親戚未必賢；賢者又不肯預人家事。惟婦人自識書算，而所託之人衣食自給，稍識公義，則庶幾焉。不然，鮮不破家。」〔註246〕與袁采觀點相同的明清士紳大有人在。清人鍾於序說，「但問室人之

〔註244〕按：美國學者高彥頤指出，十八世紀的清朝，對於女子學習接受教育的觀點，士紳家庭普遍贊成，除了培養其母道和婦德的基本目的外，女子所擁有的知識也會轉換成家庭的文化資本，此外，還有男性在私人生活中對情感慰籍的需求，促使他們期望獲得夥伴式的妻子。也就是說，無論是道德或文化教育，都能增加她在婚姻市場上的價值，以使其自己和其家族獲益。所以，有許多士紳或是大聲談論婦女教育，或是悄然傳授妻女。見高彥頤：《閨塾師：十八世紀江南的才女文化》，第 168 頁。

〔註245〕〔清〕王相輯：《女子四書讀本》，《女範捷錄・智慧篇》。

〔註246〕〔宋〕袁采：《袁氏世範》卷上，《睦親・寡婦治生難託人》，影印文淵閣四庫

賢否，因知家道之廢興，蓋丈夫志在四方，惟在細君良淑即開門事有七件，孰非健婦撐持，奉舅姑而養志承歡，瀟髓之中助夫子以成名，戒旦雞鳴之候，內而諸舅姑伯姊，人人務得其心，外而姻婭宗親，在在宜將其禮，貧能安分井臼，自必晨操火可乞鄰機杼，何妨夜織，從古賢人伉儷，恒多憔悴。」〔註 247〕本著這一目的，許多家訓中都主張女子要進行讀書學習。況且，士紳階層傲立於世的就是文化資本，他們不但將這一資本牢牢掌握在男子手中，而且還希望通過女子接受教育而間接強化士紳階層的這一優勢。「儘管精英男子自己達到完全的『文』這一文雅品質的機會有限，但他們意識到妻子必須受到足夠的教育才能勝任她們的角色：參與祭祖活動，管理家庭事務，倡導能夠教育兒子的社會意義上的母親。在傳授兒子『文』之精髓的過程中，精英婦女所扮演的母親角色比其它任何人都重要，兒子因此應該適時地感謝他的母親。」〔註 248〕「對於家庭流動性而言，婚姻紐帶的重要性，解釋了為何家庭甘願投資於女兒的教育，無論是文化或道德的教育，都增加了女兒做妻子的威望，使其成為了既是父家也是母家的驕傲。調教很好的新娘是文化資本的一個引人注目的形式。」〔註 249〕

　　但是，明清士紳主張女子學習僅限於粗通文墨，略識文字，能夠相夫教子即可，並不主張她們學習詩歌、辭章、書義。許雲村明確指出：「婦來三月內，女生八歲外，授讀《女教》、《列女傳》，使知婦道。然勿令工筆箚、學辭章。」〔註 250〕陸桴亭指出：「教女子只可使之識字，不可使之知書義，蓋識字則可理家政，治貨財，代夫之勞，若書義則無所用之。古今以來女子知書義而又嫻禮法者如曹大家者有幾？不然，徒以隳淫而已。」〔註 251〕蔣伊指出：「女子但令識字，教之孝行禮節，不必多讀書。」〔註 252〕《溫氏母訓》中也規定：「婦女只許粗識柴米魚肉數百字，多識字無益而有損也。」〔註 253〕清人焦循以身邊的親人為例來現身說教：「吾曾祖母卞孺人真能作詩作畫，後深悔曰此

　　　　全書本。
〔註 247〕〔清〕鍾於序：《宗規》，《叢書集成續編》第 60 卷，第 644 頁。
〔註 248〕〔美〕白馥蘭：《技術與性別：晚期帝制中國的權力經緯》，第 286 頁。
〔註 249〕〔美〕高彥頤著：《閨塾師：明末清初江南的才女文化》，第 167 頁。
〔註 250〕〔明〕許雲村：《許氏貽謀四則》，續修四庫全書本。
〔註 251〕〔清〕陸桴亭：《思辨錄輯要》，〔清〕陳宏謀輯：《五種遺規·訓俗遺規》卷 2。
〔註 252〕〔清〕蔣伊：《蔣氏家訓》，《叢書集成新編》第 33 冊，第 213 頁。
〔註 253〕〔明〕溫璜等輯：《溫氏母訓》，《叢書集成新編》第 33 冊，第 203 頁。

非婦人事，乃力田治家以德教家人，戒不爲詩，吾嫡母謝孺人亦知書而不看詩，曰：與其有工夫看無益之詩，何不看古人賢孝故事，此眞爲後世法也。」〔註254〕當時的文學作品亦持此觀點，如《醒世恒言》道：「大家閨女，雖曾讀書識字，也只要他識些姓名，記些賬目；他又不應科舉、不求名譽，詩文之事，全不相干。」〔註255〕

　　明清士紳之所以將女子學習的內容限定在一定的範圍內，是基於以下幾點考慮：第一，女子學習的知識能夠應付管理家務，相夫教子即可，多讀書識字會影響到家務的勞作，會耽誤其學習女工如從事紡織、料理酒食、主持家事的時間。第二，女子不能學習詩詞歌賦，這與她所從事的家務不相干，反而會動搖心旌，擾亂心智。呂坤甚至將其目爲邪教之流：「乃高之者弄柔翰逞騷才，以誇浮士；卑之者撥俗絃歌豔語，近於倡家，則邪教之流也。」〔註256〕

　　當時，社會正統思想達成一種錯誤的共識，人們普遍認爲女子學習詩詞無益於德行修養的提高，其中的「淫邪」思想會擾亂女性心智，詩詞裏多有男歡女愛的情詩，會將女子導向淫蕩與放縱，這些與德行的修煉是背道而馳的——「有時反爲女德之累」。〔註257〕他們認爲流露眞情實感的詩詞歌賦不但不利於道德的修煉，反而會妨礙德性的提高，甚至會將女子導向淫穢，導致其道德敗壞。彼時社會中受到歧視的歌妓正是憑藉著其高深的文學修養與男子週旋酬酢，以博得男子的歡心，她們既是男性追逐的對象，也是男子不齒的對象，男子愈是在外追逐妓女，愈是擔心家中的女子變成此類人物：「妓女在這個愛情、文學、音樂、政治等方面的重要性是怎麼強調都不過份的。男人們認爲讓體面人家的女子去擺弄樂器是不合適的，於她們的品德培養有害；讓她們讀太多的書也不合適，於她們的品德同樣有害。繪畫和詩歌也很少受到鼓勵。」〔註258〕日本學者山川麗也指出：「唐宋以後，作爲薄幸女子代表的妓女基本上都會寫詩填詞，當時的社會從這一點演繹推理，因而得出了有才學的女子也就多半是薄幸女子的荒唐絕頂的結論。在這一段時間裏，戲

〔註254〕〔清〕焦循：《里堂家訓》卷上，《叢書集成續編》第60卷，第668頁。
〔註255〕〔明〕馮夢龍：《醒世恒言》，卷11，《蘇小妹三難新郎》，上海古籍出版社1992年版，第138頁。
〔註256〕〔明〕呂坤：《閨範·序》，〔清〕陳宏謀輯：《五種遺規·教女遺規》卷中。
〔註257〕〔清〕陳宏謀：《五種遺規》，《教女遺規·序》。
〔註258〕林語堂：《中國人》，浙江人民出版社1988年版，第136頁。

曲和文學作品裏以才女不幸遭遇爲主要題材的作品盛行起來，這些作品對社會各個方面的影響都是廣泛而深刻的。」〔註259〕但是，明清士紳對於女性在危急關頭所表現出的巧智又是持欣賞與贊許的態度。如呂坤《閨範》中對相關女性的贊許可以看出。〔註260〕所以，明清士紳希望女子學習一定的知識，以便於她們更好地發揮相夫教子、治家齊家的作用，但又希望把她們的學習框限在一定範圍內。

2. 學習女教，以明理修身

明清士紳鼓勵女子學習，欣賞有一定文化知識的女性。對於女子學習內容，他們也有自己的觀點：他們反對女子學習詩詞歌賦，認爲這些內容不利於其相夫教子，妨礙其治家修身；但均主張女子應該學習女教一類的書籍，以開啓心智，修身養性，提高其道德修養。他們認爲女子學習雖然不像男子爲科舉功名而學，但是「婦人終老深閨，女紅之外，別無事業，然耳目見聞，不能及遠，則讀書明理，其大要矣。」〔註261〕曹大爲教授指出，古代女子教育「其教育內容、精神未必和社會流行的思潮、主張盡合，決定取捨的準則是從宗法農業型社會本位的角度出發，以儒家思想爲指導，突出婦德的統帥地位，充分發揮女子修身向善的教育功能，以盡其『事人』之職，收到穩定宗族社會、加強專制集權統治的社會功效。」〔註262〕明清時期士紳家訓中所反映的女子教育觀點同樣呈現這一特點：女子的學習目的是達到修養德性，以便更好地起到相夫教子、和親睦鄰的作用。

〔註259〕〔日〕山川麗著，高大倫、范勇譯：《中國女性史》，三秦出版社1987年版，第68頁。

〔註260〕如：《閨範》中記錄有這樣一位婦人：「潁上某爲帥，淮陽有一僕，號稱驍勇。過芒碭間，其地多盜，僕與妻前驅，至葭葦中，僕大呼曰：『素聞此處多豪傑，何無一人敢與吾敵耶？』俄而葭葦中數盜出，攻僕殺之。僕妻跪賊慟哭，叩頭感謝，曰：『妾本良家婦，被此人殺吾夫而擄之，無力復仇。大王今爲吾斷其首，妾殺身無以報大德，前途數里，吾母家也，肯惠顧，當有金帛相贈。』賊喜而從之。至一村，保聚多人，外列戈戟。婦人走入，哭訴其故。保長賺賊入，就而擒之，無一人得免。」對於此婦人以計謀復仇，呂坤讚揚說：「倉卒之際，恐懼之心，智者且眩然失策，況婦人乎？乃能以節義之語，觸群盜之憐，既免殺辱，又報仇讎。智深勇沉，烈丈夫所讓，孰謂斯人而有識耶？」見呂坤：《閨範·明達之婦》，〔清〕陳宏謀輯：《五種遺規·教女遺規》卷中。

〔註261〕〔清〕藍鼎元：《女學》卷6，沈雲龍主編：《近代中國史料叢刊續輯》，第41輯，第410冊，第377～378頁。

〔註262〕曹大爲：《中國古代女子教育》，北京師範大學出版社1996年版，第138頁。

女子接受一定的教育，待將來出嫁後，能更好地勝任相關角色。姚舜牧指出：「蒙養不專在男也，女亦須從幼教之，可令規正。……爲他日……計。」〔註263〕而這個「他日」自然是指女子出嫁之後的日子。「若不教他，及至嫁到人家，忤逆公婆者有之，欺凌丈夫者有之，姆嬸不和，姑嫂乖離者有之，御下殘刻踐韃童婢者有之，甚至任性使氣，好吃懶做，終朝吵鬧，懸梁投井者亦有之。」〔註264〕這些不良現象，是與正統女教所倡導的孝敬、順從、和睦等品德有霄壤之別，它們都是女子不事學習，不受教育所致。而學習、接受教育就可以起到幫助女子修身成德的效果。

具體學習什麼內容呢？明清士紳本著女子爲修身成德、相夫教子的目的，主張女子學習的首要內容是女德、女工：「一教其緘默，勿妄言是非；一教其簡素，勿修飾容儀；針黹紡績外，宜教他烹調飲食，爲他日中饋計。」〔註265〕「詩云：『無非無儀，惟酒食是議』二語眞教女子良法。」〔註266〕「教女兒照依教子一樣，不可姑息他。從小教他性氣和平、言語柔順，一切紡織、廚竈、針線、衣服的事，俱要教他親做，切不可令他安閒受用慣了、打罵奴婢熟了，多言亂語性情輕佻了，以致後來驕狠毒惡、搬弄唇舌，貽累丈夫，辱及父母，連他自己毫無好局，豈不害了他一世！若教得女兒嫁到人家件件不失做媳婦的正經，方才顯示出父母家教，就是他家有些紛爭吵鬧，也只責備自己女兒的不是，才是好父母。」〔註267〕

所讀之書則以女教書爲主：「世所傳《三字經》、《女兒經》者，……一則名句短而易讀，一則語淺而易知，殊便於開蒙也。」〔註268〕陳宏謀認爲：「以格言至論可法可戒之事日陳於前，使之觀感而效法，其爲德性之助豈淺鮮哉？」〔註269〕呂坤建議：「如《孝經》、《論語》、《女誡》、《女訓》之類，何可不讀？婦女，邪正不專在此，古如魏、李、孫、失固爲可成，若班婕妤、徐賢妃。何害於文墨乎？詩辭歌詠斷乎不可。」〔註270〕藍鼎元也主張：「（女子）

〔註263〕〔明〕姚舜牧：《藥言》，《叢書集成新編》第33卷，第197頁。
〔註264〕〔清〕石成金：《傳家寶》，第36頁。
〔註265〕〔明〕姚舜牧：《藥言》，《叢書集成新編》第33卷，第197頁。
〔註266〕〔清〕陸世儀：《思辨錄輯要》，陳宏謀輯：《五種遺規·教女遺規》卷下。
〔註267〕〔清〕石成金：《傳家寶》，第36頁。
〔註268〕〔清〕趙南星：《教家二書序》，翟博主編：《中國家訓經典》，第568～569頁。
〔註269〕〔清〕陳宏謀：《五種遺規》，《教女遺規·序》。
〔註270〕〔明〕呂坤：《昏前翼》，《古今圖書集成·明倫彙編·閨媛典》。

果教以正道，令知道理，如《孝經》、《列女傳》、《女訓》、《女誡》之類，不可不熟讀明講，使他心上開朗，亦閨教之不可少者。」〔註 271〕可以看出，這些書籍無非是教育女子怎樣修身成德，怎樣學習爲女、爲婦、爲妻、爲母之道，或者說學習怎樣「事人」，期望女子通過讀書學習將孝敬順從等婦道內化爲個人品德，希望它們成爲女子賢良孝順的動力，能夠有助於女子輔助丈夫齊家，最終爲治國奠定基礎。

明清士紳之所以強調女子應接受教育，是因爲他們認識到在家庭－社會這條人倫關係鏈中，夫婦爲初始環節，規範夫婦倫理對於整個社會秩序的形成及穩定作用極大，妻子因受男主外女主內性別生活秩序的支配，有更多的時間與家人朝夕相處，加上母子（女）感情上的天賦優勢，母性特有的慈愛，他們對於調解家庭成員的關係，尤其是對於陶冶子女的品德情操，對於下一代家庭的構成質量，作用更爲直接，因此封建統治者總是極力標榜「相夫教子」的賢妻良母，期望他們將子女教育成明人倫、守秩序、講道德的人，使其成年後能夠把在家庭養成的對父兄的服從擴大到對君主長上的服從，把家庭血緣關係溫情擴大到社會關係和政治關係上，由孝子再成爲社會順民、朝廷忠臣。而教育他人的先決條件是，自身必須有一定的知識水平，惟其如此，才能擔當起這一重任，所以，母親或未來的母親，就必須接受一定的教育，進行一定的讀書和識字的訓練。而與女子修身成德無關的書則被棄置：「淫佚之書，不入於門；邪僻之言，不聞於耳。」〔註 272〕「邪書休看，邪語休聽」〔註 273〕

明清士紳在家訓中均主張女子接受些許讀書學習方面的教育與訓練，以德行的修煉爲先決條件，他們主張德本才末，即使有才也應是在四德的範圍內，一旦越出，就會受到指責。「無德而徒有其才，其才不足稱也。蔡文姬之詩，李易安之文，失節再醮，讀者尤爲齒冷，況於埦垣復關，兄弟咥笑者哉。古來奇才國色，接踵相望，一失其身，人所賤惡，雖有仙姿慧舌、妙技絕藝，由君子觀之，不過名妓者流耳。」〔註 274〕「四德備，雖才拙性愚、家貧貌醜，

〔註 271〕 〔清〕藍鼎元：《女學》卷 6，沈雲龍主編：《近代中國史料叢刊續輯》，第 41 輯，第 410 冊，第 378 頁。
〔註 272〕 〔清〕王相輯：《女子四書讀本》，《女範捷錄》。
〔註 273〕 〔明〕呂德勝：《女小兒語》，〔清〕陳宏謀輯：《五種遺規・教女遺規》卷中。
〔註 274〕 〔清〕藍鼎元：《女學》卷 3，沈雲龍主編：《近代中國史料叢刊續輯》，第 41 輯，第 410 冊，第 197～198 頁。

不能累其賢；四德亡，雖奇能異慧、貴女芳姿，不能掩其惡。」〔註275〕「爲
了保護自己的姐妹和女兒不至於和女人市場沾邊，上層階級的男人特別注意
傳授給她們鮮明的謙卑觀念，不讓她們接受任何暗示她們是玩物的那種被玷
污的教育。男人和女人都致力於運用道德力量保持品級、職能和角色位置的
差別。」〔註276〕

　　不過，清代晚期，隨著社會的發展，我們也欣喜地聽到了異樣的聲音，
章學誠就認爲，如果女子眞正有才，也不應當抑制，而應該使其進一步學習，
以「善成」之：「或以婦職絲枲中饋，文辭非所當先，則又過矣。夫聰明秀慧，
天之賦畀。初不擇於男女，如草木之有英華，山川之有珠玉，雖聖人未嘗不
寶貴也，豈可遏抑，　正當善成之耳。」而這個「善成」的方法就是學習，因
爲「才須學也，學貴識也。才而不學，是爲小慧。小慧無識，是爲不才。」
所以，「如其秀慧通書，必也因其所通，申明詩禮淵源，進以古人大體，班姬
韋母，何必去人遠矣。」〔註277〕我們應該看到，雖然明清時期像章學誠一類
的士紳甚至也提出「才須學」的主張，但在當時情況下，既無系統傳授知識
的途徑，又沒有社會實踐的錘鍊，才智又如何增長？這些家訓即使不反對女
子學習一定的知識，但又提不出具體的增長女子聰明才智的做法，無奈之際，
他們也只能停留在頌揚早期才行高超女子的階段。

　　明清時期，婦女處於男性的意志和主導之下，幾無獨立地位可言，反映
在家訓上，家訓作者希望女性接受教育的目的不是讓其掌握多少高深的學
問，或開發其潛在的智慧，或培養其文學素養，而是爲了將其培養成在家爲
孝女，出嫁後爲溫良馴順的賢妻良母，「三從四德」是傳統社會對女性的期許
與教育內容。傳統社會中的人無獨立個性可言，女性尤其如此。正統女教中
要求女性擁有的「四德」實際上是將女性放於相互關聯的體系中，是將女性
放在和男性或女性親屬的關係中展開來的。而才能相對來說則是完全個人化
的特質，個人才能的過份張揚，將遮蔽其「四德」的發揮，或者說，「四德」
是強調女性與周圍社會的相互作用，尤其強調女性的對外義務，「四德」有利
於女子與周圍人形成一個大的關係網，女性個人是這個網中的一個節點。而

〔註275〕〔明〕呂坤：《閨範・婦人之道》，〔清〕陳宏謀輯：《五種遺規・教女遺規》
　　　　卷中。
〔註276〕〔美〕伊沛霞：《內闈 —— 宋代的婚姻和婦女生活》，第238頁。
〔註277〕〔清〕章學誠：《章學誠遺書》，《文史通義・內篇五》，《婦學篇・書後》，第
　　　　49頁。

才能是凸現女性的個性化特徵，不利於女性融入到這個網中，甚至會導致女性突破這個關係網，有鑒於此，女性的才能是不被明清士紳所讚賞的。他們所倡導的女子教育也並非爲培養女子獨立的人格，而是要他們因應社會秩序的需要，根據社會的期許與需求培養出和親睦鄰、孝順賢惠、敬上育下的賢妻良母角色。

女性雖然處於男性主權社會中，並受到「三從四德」思想的束縛，但她們並非簡單地接受男權社會的安排，而是在可能的範圍內，進行著合理的調適與權變。如有條件的女性學習內容已經越出了女教的範圍，學詩作賦，明清時期湧現出大量的女詩人也印證了這一現象。〔註 278〕

明清士紳雖然也可能意識到，女子學習知識是一把雙刃劍，一方面，女子學習知識可以爲其將來做母親教育兒子，提供很好的文化資本，但與此同時，女子學習知識也有可能使其女性的自覺意識被喚醒，從而不安分於身處閨閣之內。所以，明清士紳儘量地把女子學習的對象限定在「女教書」中，要求女子學習所達到的程度限於僅能粗通文墨，學習是本著以德爲本的宗旨，但是，女性的自覺還是突破了這一樊籬。「學習了讀寫的女性有可能變得不守規矩，進而邁出閨閣，因此也就違背了女性教育的特定理論基礎和向心女性的準則。」〔註 279〕

明清士紳心目中的女子理想形象與士紳階層的特殊性有密切關係，作爲社會中上層女性，她們應與下層女性有顯著的不同，就像士紳不同於村野之夫一樣，士紳階層的女性也不同於村野之婦；她們必須溫順、沉靜、端莊、嫻雅、知書達理，她們必須是孝敬的媳婦、賢惠的妻子、賢良的母親；她們的所做所爲必須有助於維護家庭地位，必須符合士紳階層的特點。或者說，她們的作爲要有助於凸現士紳階層的特點，或者將士紳階層與社會下層區分開來。這個階層的女性因能夠製造出平和、安靜、和諧的家庭環境而被褒揚，她們因能夠以德業勸勉丈夫、善於教導子女使他們盡快成才而受到贊許。而那些因沒有受到知識禮儀的薰陶的女性，她們較少忍讓克制，她們更多的是使用女性的天然本性行事：多嘴多舌，不識大體，任性妄求、溺愛子女、慢待翁姑、輕賤丈夫。她們「家務從不經心，釀成驕傲之性，……哪管夫家經

〔註 278〕相關內容可參考美國學者高彥頤的著作：《閨塾師：明末清初江南的才女文化》和曼素恩的著作：《綴珍錄——十八世紀及其前後的中國婦女》。

〔註 279〕〔美〕高彥頤：《閨塾師：明末清初江南的才女文化》，第 170 頁。

商者有操心籌算，作宦者有仕路艱難。……不知理法，不信果報，公姑丈夫，開口便傷；侍妾婢女，終朝打罵。」〔註280〕而士紳期待的理想女性則克服了這些弊端，她們的所作所爲能使其家庭保持持久的繁榮昌盛，不致墮落到社會底層，從而保持士紳階層的優勢。

四、小　結

　　明清士紳心目中理想的女性形象，在她們人生的各個階段，對於婦言、婦容的要求沒有多少變化：無論是爲人女還是爲人婦、爲人妻，在婦言的規範方面以沉默寡言、當言則言、不當言則不言爲言談的規範，以維護家庭團結爲根本。他們反對女性過多地發表言論，尤其是當其奪取了家庭話語權時，更會遭到明清士紳的極力反對，「女人……最惡是多言，長舌階屬」是他們對女性過多發言的詛咒，家長在教育女子時就應該「教其緘默，勿妄言是非。」〔註281〕和宋代士大夫家訓相比，「勿聽婦言」是明清士紳家訓中更爲普遍的訓誠內容，爲婦者多言、爲夫者聽從婦言，都是明清士紳家訓中嚴厲拒斥的行爲，可以看出，女性在家中的地位無形中是降低了。

　　對於婦容，明清士紳不要求女子妖冶豔妝，而是以整齊、清潔爲宗旨，「冶容誨淫」是他們擔心女性過份注重外在容妝可能導致的問題。他們希望女子「簡素，勿修飾容儀」，〔註282〕整潔、端莊、文靜、內斂、是他們對女性在儀表方面的期待。

　　對於婦德和婦功，明清士紳對女性在人生各個階段的規範卻不盡相同。在爲人女時，要求她養成貞敬、孝順、勤勞的美德，這些既是女子出嫁前應具備的美德，也是爲女子出嫁後作準備工作，期待她們出嫁後，能勝任爲人婦、爲人妻、爲人母的角色，能夠盡快適應角色的轉換。出嫁後，女子到了一個新的環境，她要擔當起新的角色、履行新的責任。孝順服從，像對待親身父母一樣對待翁姑，是對爲人婦者的基本要求；柔和順從，同樣是對妻子的基本要求，但作爲士紳家庭的妻子，士紳家訓中對爲妻者還有在關鍵時刻襄助丈夫進德修業的期待，希望她們多少受過聖賢經典的薰陶或濡染，或多或少地擁有一定的文化知識，有些許見識，以更好地助夫進德修業；養育孩

〔註280〕〔清〕史搢臣：《願體集》，陳宏謀輯：《五種遺規・教女遺規》卷下。
〔註281〕〔明〕姚舜牧：《藥言》，《叢書集成新編》第33卷，第197頁。
〔註282〕〔明〕姚舜牧：《藥言》，《叢書集成新編》第33卷，第197頁。

子是爲母者的基本義務，但在科舉競爭日趨激烈的明清時期，明清士紳更希望爲母者能夠擔當起啓蒙教師的角色，當父親外出求學、爲官時，這種期許變得更爲急切，而當父親英年早逝又缺少其它男性親屬的幫助時，由母親來擔當起孩子早期的教育工作，就成了唯一的可能，這一時期士紳家訓中對爲人母者的期待，並不僅僅限於能夠給孩子提供衣食等基本的生活而已，對母親教育孩子的責任，甚至提高到爲母者應具備的基本素質的首位。基於此，對女子是否應該學習，其答案就不容質疑了，而一個知書達理的女兒，也成了士紳家庭擁有的待價而沽的資本。

相對於品德的要求來說，明清大多數士紳對女子學習知識程度，也僅限於粗通文墨，對她們來說，系統的知識學習尚付闕如；文學藝術修養，因其有淫穢的嫌疑，也被排斥在外；德行是女子學習的主要內容，女子在接受教育時，品德學習是放在首位，有些家訓甚至把品德學習作爲女子應學習的唯一內容。

由於理學的影響，明清士紳在家訓中對女子貞節普遍提出期許，均希望女子守貞保節，而有些家訓中甚至鼓勵女子作出節烈的極端行爲，尤其是明清易代之際，許多士紳希望鼓勵女性守節來激勵男子忠於故明王朝。明朝中後期以來，隨著商品經濟的長足發展，社會上奢靡、享樂、越禮的現象比較突出，此時女性也越過道德的藩籬，走出家門，她們或觀廟看戲、或進香拜佛、或踏青賞景。爲整頓社會秩序，士紳們呼籲女子居於內，嚴男女之防，強調男尊女卑的性別價值觀和男外女內的性別社會觀。所以，明清時期，無論是改朝換代的動亂時期，還是經濟發達的和平時期，對女子貞節的要求從未放鬆過。

反對寡婦再嫁，在士紳階層的家庭裏更容易實現，內外有別，男女異處的原則也適用於士紳階層家庭，「不讓妻子女兒在公共場合露面，是精英階級顯示其道德優越感的一個途徑。」〔註283〕柳立言在談到宋代婦女的守節與再嫁時說：「就常識而言，貞節觀在士大夫之間本來就較容易流傳和被接受，加上它是一個經典的、由聖賢傳下來的觀念要反對較難要提倡較易，只要（1）有地位的人們（無論政治、社會、或學術）大力鼓吹，（2）這些觀念又切合一些重要的需要（如有利於家族的穩定），加上（3）政府的有意讚助，則這些觀念就容易成爲風尙（無論是由上而下或由下而上），而特別在它能夠切合

〔註283〕〔美〕伊沛霞：《內闈──宋代的婚姻和婦女生活》，第 233 頁。

需要的階層中流行。〔註284〕這裡的「有地位的人們」在明清時期就包括士紳階層。一方面貞節觀是經典的、由聖賢傳下來的，而士紳階層是飽受聖賢經典濡染的（其中包括貞節觀念），另一方面貞節觀念有利於家族的穩定，加之它受到政府的有意鼓吹和讚助，女性在環境的長期濡染中已將其內化爲個人行爲，更易於推行，所以，貞節觀在士紳階層的家訓中成爲強化的內容。

不過，令人欣慰的是，在對待寡婦改嫁的問題上，已經有人主張根據寡婦個人的意願來決定其去留，雖然他們的出發點是爲了保護家族的名譽不至受辱，但不再強行令其守節，無論動機如何，這一思想本身就具有積極進步意義，是值得稱讚的。

我們用一段墓誌銘來印證明清士紳在家訓中對理想女性的期待：

> 孺人姓金氏，世居蘇之長洲，父諱益，母孫氏，父母惟四女。其季孺人也，諱守貞，字靜正，蚤喪父，三姊皆已歸，獨與母居家。素窶又無旁近親戚依庇，母子剪製結縷自給。孺人天資明，淑婉嬺致，孝其母。間聞母語及父行，輒感涕，或至廢食。而女德日益有聞，同郡鄒某爲其子某求令配，遂聘焉。既歸，事舅姑盡婦道，衣服飲食必躬造以進；相夫以德治家，蚤作夜息，不以寒暑少懈，自執儉約，安疏糲，惟寡母恒在念，然未嘗敢一毫私遺。舅姑察之，歎曰：新婦事我如父母，其母所乏，我家奈何不有無相共？遂恒致助用，安孺人之心。孺人凡奉祭宴賓，皆親致精潔。篤於教子，視其子有立志輒心悅，而益加勸勵。夫註誤被逮，時孺人已遘疾，臨別遂增，劇以卒。卒之日，舅姑慟曰：奈何喪孝婦？母慟曰：奈何喪孝女？夫慟曰：奈何喪賢內助？嗟乎！若孺人者，其賢矣哉！……有二子，男二。長亮，舉文學才行，授司務。次順，中應天府鄉試，入爲國子。……〔註285〕

這篇墓誌銘雖不乏溢美之詞，但我們還是能夠從中看出金孺人的基本品行。她在出嫁前和出嫁後都將婦德發揮到了極致：爲女時，孝敬、勤勞、淑婉、貞靜；出嫁後，敬順舅姑，勤勞持家，相夫教子，勵志勉德。她的這些

〔註284〕柳立言：《淺談宋代婦女的守節與再嫁》，李貞德、梁其姿主編：《婦女與社會》，第 244 頁。

〔註285〕〔明〕楊士奇：《東里續集》卷 42，《墓碣銘》，《金孺人墓碣銘》，影印文淵閣四庫全書本。

品德也終見成效，她被尊稱爲孝婦、孝女、賢內助，其子也學業有成。這些婦德與明清士紳家訓中對女性的期待若合符契。可以說，金孺人的形象實際上就是明清士紳在家訓中期待的理想女性形象。

當代學者李卓說，「賢妻與良母雖然都是女性的行爲準則，但嚴格說來，在封建社會的倫理道德中，二者並不是完全相同的概念。賢妻，要求的是妻子對丈夫的順從，是站在男人的角度束縛婦女在家庭和社會中作用的規範；良母則是站在家庭和社會的角度，要求婦女發揮作用的規範。可見，封建倫理道德下，男人需要的賢妻與家庭和子女需要的良母是有矛盾的。賢妻是從屬性的，而良母則是主導性的。（儘管是在家庭這一有限的範圍之內）在父權家長制統治之下，由於人們對『三從四德』的過份強調，使女性在未嫁爲女，既嫁爲妻的過程中，已然被塑造成以服從爲美德，迎合男人意願、缺乏知識與教養的『淑女』、『賢妻』，從而影響到在成爲母親後『良母』作用的發揮。人們對女性角色更看重的是服屬於男人的賢妻，其次才是作爲子女師表的良母。」〔註 286〕陳東原先生也曾指出：「從前只有『慈母』，那有『賢母』？有一二賢母，如歐母陶母之類，那也是入聖超凡一般，非一般婦女所可望其項背，試問不學無術的女子，怎麼能畫荻，怎麼能和丸？〔註 287〕從前『良妻』的含義哪有後世『良妻』的含義豐富？中國從前婦女的標準，只要她做一個馴服的好媳婦，並不想她做一個知情識義的賢妻。」〔註 288〕這個概括只適用於傳統社會的普通女性，對於明清士紳階層家庭中的女性來說，可以說只語其一，而未語其二，實際上，明清士紳家訓對於良母同樣給予殷切期待，期待她們在丈夫缺席時能夠擔當起支撐家庭、教導子女的重任。希望她們既要慈愛，更要賢淑，既要生育兒女，更要教育他們，甚至對其教育功能的強調要高於養育功能，那些能夠主持門戶，增田置產、教子有方的婦女會被文字記載並被歌頌的。這顯示出士紳階層的特別需要與期待。

〔註 286〕李卓：《中日家族制度比較研究》，第 443 頁。
〔註 287〕按：宋代歐陽修幼時，母親以荻畫地教子讀書。唐柳仲郢幼嗜好讀書，母韓氏用熊膽和製丸子，使其咀嚼提神醒腦。後以畫荻、和丸稱讚母教有方。
〔註 288〕陳東原：《中國婦女生活史》，商務印書館 1937 年版，第 323 頁。

第五章　明清士紳家訓個案透析
（以安徽桐城張氏家族爲例）

　　張英、張廷玉爲代表的安徽桐城張氏家族是清朝聲名卓著的高官顯宦家族。張氏家族發跡始於明朝，從第七代起，張家就多出「有廉能聲」的官吏：「先世自豫章徙於桐，至七世曾王父懷琴公成進士，歷官大中大夫，陝西左參政，初令永康，爲循良第一，所至有廉能聲。」〔註1〕但張氏眞正發達是到了有清一代的張英、張廷玉父子時期。

　　張英（1637～1708），字敦復，號楚復，又號樂圃。康熙六年進士，官至文華殿大學士兼禮部尙書。乃《國史》、《一統志》、《淵鑒類函》、《政治典訓》、《平定朔漠方略》的總裁官。張英爲官，「辰入暮出，退或復宣召，輟食趨宮門，愼密恪勤，上益器之。幸南苑及巡行四方，必以英從。一時制誥，多出其手。」〔註2〕張英爲人和藹平易，「不務表暴，有所薦舉，終不使其人知。所居無赫赫名。在講筵，民生利病，四方水旱，知無不言。清聖祖曾經對左右人說：「張英始終敬愼，有古大臣風。」〔註3〕

　　張英育有四子，長子廷瓚，康熙年間進士，自編修累官至少詹士；次子廷玉，康熙進士，官至大學士及戶部、吏部尙書，與允祥等主持軍機房。廷玉爲官周敏勤愼，備受雍正帝、乾隆帝倚重，廷玉周敏勤愼，尤爲上所倚。……終身清世，漢大臣配享太廟，惟廷玉一人而已。〔註4〕他「典領機要，朝廷大

〔註1〕　〔清〕張英：《文端集》卷43，《先考》，影印文淵閣四庫全書本。
〔註2〕　〔清〕趙爾巽等：《清史稿》卷267，《張英傳》，中華書局1977年版。
〔註3〕　〔清〕趙爾巽等：《清史稿》卷267，《張英傳》。
〔註4〕　〔清〕趙爾巽等：《清史稿》卷288，《張廷玉傳》。

製作，多出公手」。〔註 5〕三子廷璐，康熙進士，官至禮部侍郎。殿試一甲第二名進士，授編修，直南書房，遷侍講學士。四子廷瑑性誠篤，細微必慎。既歸，刻苦礪行，耿介不妄取。

張廷玉子若靄，雍正進士，廷試時，世宗親定為一甲三名，後拆卷知道為廷玉子，遣內侍就直廬宣諭。廷玉堅決推辭，乃改二甲一名，授編修，直南書房，充軍機章京。乾隆年間，屢遷至內閣學士。子若澄，乾隆進士，改庶吉士，直南書房，累遷至內閣大學士。子若淳， 入貲授刑部主事，充軍機章京，再遷郎中，五遷至侍郎，歷工刑戶諸部，嘉慶五年，授兵部尚書，調刑部。從子若頒，雍正進士，授兵部主事，考選江西道御史，擢鴻臚寺少卿，六遷刑部侍郎，擢左都御史。〔註6〕張廷璐子若需，進士，官侍講。若需子曾敞，進士，官少詹事。張英一家，「以科第世其家，四世皆為講官。」〔註7〕

清人陳康祺說：「桐城張氏六代翰林，為昭代所未有。……自祖父至玄孫十二人，先後列侍從，躋鼎貴，玉堂譜裏，世系蟬聯，門閥之清華，殆可空前絕後已。」〔註 8〕據學者研究，從張英開始，「在其五個兒子的後代中，五代之內竟有 146 人獲得功名，占其子孫人數的 82%」。〔註9〕張家人擔任官職，遍及中央各衙署及全國各省區。只是由於清朝官吏任職實行迴避制度，張家人在家鄉安徽才僅擔任教職。〔註 10〕張家人在有清一朝擔任的高官顯宦可見下表：

表 5-1　桐城張氏族人任職清中央政權各官署一覽表：

官署名稱	代表人物	職務
內閣	張英　張廷玉	大學士
軍機處	張廷玉	軍機大臣
吏部	張廷玉　張若淳	尚書
戶部	張曾效	員外郎

〔註 5〕〔清〕李元度：《國朝先正事略》，卷 13，《張文和公事略》，嶽麓書社 1991 年版，第 372 頁。
〔註 6〕〔清〕趙爾巽等：《清史稿》卷 288，《張廷玉傳》。
〔註 7〕〔清〕趙爾巽等：《清史稿》卷 267，《張英傳》。
〔註 8〕〔清〕陳康祺：《郎潛紀聞初筆、二筆、三筆》，「初筆」卷 5，《桐城張氏六代翰林》，第 93 頁。
〔註 9〕郝秉鍵：《試論紳權》，《清史研究》，1997 年第 2 期。
〔註 10〕張傑：《清代科舉家族》，社會科學文獻出版社 2003 年版，第 267 頁。

禮部	張英 張廷璐 張若靄	尚書 侍郎
兵部	張若溎	尚書
刑部	張福豫	陝西司郎中
工部	張廷瑑	侍郎
都察院	張若淮	左督御史
翰林院	張曾敞	侍讀學士
國子監	張裕犖	祭酒
光祿寺	張光鼎	署正

製表說明：轉引自張傑：《清代科舉家族》，第 265～266 頁。

　　從表中可以看出，張家人位居清廷 12 個主要官署。除刑部外，張家人均為大學士、尚書、侍郎等主要官員。

　　如此顯赫的科舉家族，其成功的原因固然很多，但張氏家族善於進行家庭教育應該是一個比較重要的原因。曾國藩曾教育子弟說：「張文端公所著《聰訓齋語》，皆教子之言，其中言養生、擇友、觀山水花竹，純是一片生機，爾宜常常省覽，……吾教爾兄弟不在多書，但以聖祖之《庭訓格言》、張公之《聰訓齋語》二種為教，句句皆吾肺腑所欲言。」〔註 11〕

　　張氏家族重視家庭教育。有臨終遺言，有家書勸勉，還有專門撰寫家訓著述訓誡家人，通過這些形式不一的家訓，張家人文化基因薪火相傳，世代蟬聯科第，成就科文鼎盛之家。簡而言之，重視家庭教育，是張氏家族簪纓代出並世居高官顯宦的重要原因。深受父祖輩家訓的影響，張氏族人在家訓中都注重勤奮向學、和親睦鄰、謙沖公正等能力和品行的培養。

　　張氏家族歷來就有訓誡家人向好、向善、向上的優良傳統，追溯起來，我們不得不提到與張氏家族崛興的一則民間故事：明末，桐城張家有一書生，雖然其家境貧寒，但品行高潔。一次在家園種菜時，刨出許多金銀，但他並沒有貪財據為己有，而是將其重新掩埋。這位書生臨死前，告誡兩子說，這筆財富除了救災活人，不得挪用。幾年後，江淮一帶發生大饑荒，張家人就把這筆財寶取出用於救災，救活了大批百姓，當地官員準備向朝廷請求嘉獎張家，但張家兒子拒不接受，在當地傳為美談。〔註 12〕這則故事說明，張家

〔註11〕〔清〕曾國藩：《曾國藩全集》，《家書》2，《諭紀澤、紀鴻兒》，（1865 年），嶽麓書社 1985 年版，第 1220 頁。
〔註12〕金天翮：《皖志列傳稿》卷 2，《張英張廷玉傳》，1936 年蘇州利蘇印書社版。

有家訓的傳統，這位身爲書生的張氏祖先，以臨終遺言的形式訓誡家人不要貪財、仁愛百姓，張家人雖然家境並不富裕，但他們能夠堅守祖先遺訓，在世道艱難時適時地拿出財寶，接濟世人，並不爲名利所動。這可算得上是教導家人子弟如何做人的最早的張氏祖先。此後，張家人代代都有重視家庭教育的傳統，據張英回憶說（張家）「累葉以來，兢兢惟耕讀是務，自大祭公登仕牒後，實能以忠貞孝友世其家子孫，奉先人訓言以無自隕越。」〔註 13〕其中蘊含的一則重要信息是張家先人有訓言遺世，且被後人奉爲圭臬，不敢逾越。張英還說：「余家訓有云：『保家莫如擇友』，蓋痛心疾首其言之也。」〔註 14〕可見張英的父祖輩已有家訓傳統。

單就卓有成就的張英祖孫三代來說，張英之父張秉彝、張英、其子張廷玉都有特別注重家庭教育的優良傳統，如其父張秉彝「其教子弟也，惟以孝謹純愨、讀書立行爲先。」當張英仕宦京城時，他回憶說「先君猶屢諭之曰：祖宗積德累世，爾惟益自勉勵，以無貽前人羞，老親千里拳拳惟此而已。後封一函示之曰：『此《太上感應篇》也，近讀此不忍釋手，特以寄汝，見此如見汝父。』迄今手澤猶宛然也。」〔註 15〕除口頭訓諭外，張氏家人還有家訓著述傳諸後世，如張英著有《聰訓齋語》和《恒產瑣言》，其子張廷玉著有《澄懷園語》。張廷玉自稱：「自少服習先公庭訓，於立身行己之道，兢兢繩檢，罔敢逾越。……與朝列者幾五十年，而冰淵自凜，有如一日。」〔註 16〕張廷玉稱其撰著《澄懷園語》的目的就是爲了起到「承先啓後」的作用。〔註 17〕

正是通過家訓這樣的人生啓蒙教育，使得張氏族人能夠居家時刻苦讀書、砥礪情操；爲官時造福百姓，不爲名利所誘；爲人處世時能夠仁愛和睦，善待他人。而張家人的興盛可以說和有清一代的興盛是同步的，張家人的所作所爲既保證了張氏家族長久的興盛，也爲清朝的發展做出了極大的貢獻。人才學的觀點認爲，在家庭中，如果父母具有某方面的才能優勢，並有心傳授給子女，子女又立志繼承父業，用心學習，這對子女成才極爲有利，從而在家庭中形成人才成團現象，產生家族型人才團，良好的家庭結構，是子女

〔註13〕　〔清〕張英：《文端集》卷 43，《先考》。
〔註14〕　〔清〕張英：《聰訓齋語》，卷 2，《叢書集成新編》第 33 卷，第 221 頁。
〔註15〕　〔清〕張英：《文端集》卷 43，《先考》。
〔註16〕　〔清〕張廷玉：《張廷玉年譜》，《澄懷主人自訂年譜·序》，第 1 頁。
〔註17〕　〔清〕張廷玉：《澄懷園語》卷 1。

成才的重要條件。張家人形成家族型人才團，正印證了這一觀點。具體來說，張家人的家訓思想主要表現在以下幾個方面。

一、興家之道——讀書爲要

在傳統社會，尤其是科舉時代，讀書應試是提高身份、維持特權的最重要手段，讀書可以使「朝爲田舍郎」之輩「暮登天子堂」，身處人上人之佳境，享盡人上人之美譽。士紳階層並非世襲階層，一個家庭世代都有讀書者，並能夠榮登仕宦之路，這個家庭的士紳地位才能夠保留；如果讀書無成，或該家無「讀書種子」，這一家立刻就會淪爲普通平民，不再享受各種優待。正因爲士紳階層優越的社會地位及享有的各種優待，尤其是其前景的光明性，使得士紳階層成了時人所嚮往的階層，而一旦榮登士紳階層，他們又會採取各種措施確保這一地位「永存」。士紳階層的地位是通過讀書得來的，同樣，其地位的保留，也必須依靠讀書來穩固，對士紳階層來說，讀書既可以興家，更可以保家。

張氏家族世代進士及第，是科舉制度下的官僚階層，是清代以科舉晉陞官僚的知識分子的典範，而這種依靠科舉的途徑卻往往造成了家族地位的不穩定，一旦失去官僚地位，很難保持其政治特權，若後代子孫不肖，極有可能造成家業淪喪的地步。保留官位、保持政治乃至經濟特權、子弟賢能的唯一辦法就是讀書，走科舉之路。

費孝通曾分析特權階層說：「不勞力的人本來並不是非勞心不可的，換一句話說，一個靠著特權而得到生產者供養的人，不但不必有生產所需要的知識，而且也不必有任何其它知識，他可以優哉游哉地過他寄生的日子。如果他不這樣，他的特權就不安全了。特權是要靠力量來維持的：暴力、政權或社會威權。文字是得到社會威權和受到政權保護的官僚地主的手段。於是不但只有這種階級有資格讀書，而且這種階級亦有讀書的需要，兩相配合而成了這種階級的特點了。」〔註18〕士紳階層既有讀書的資格，也有讀書的需要，所以，他們在家訓中對子弟讀書有著普遍的訴求。

張氏家族是依靠讀書起家的，敦促後人讀書也成了其家訓中普遍的期望。他們深知，「人家富貴兩字，暫時之榮寵耳，所恃以長子孫者，畢竟是耕

〔註18〕費孝通：《鄉土中國》，《皇權與紳權》，第 93 頁。

讀兩字。」〔註 19〕惟有讀書才可以「繼科名，傳家聲」，〔註 20〕「求名莫如讀書」〔註 21〕。在科舉時代，「舉業乃朝廷取士之具，三年開場大比，視此爲優劣，人若舉業高華秀美，則人不敢輕視。」〔註 22〕士紳家道隆替，惟有視讀書是瞻，「每見仕宦顯赫之家，其老者或退或故，而其家索然者，其後無讀書之人也；其家鬱然者，其後有讀書之人也。」〔註 23〕爲求家道葱鬱，家門興盛，張氏家人世代不忘走讀書應試之路，張氏先輩也每每以勤學好讀敦促子弟，因爲「父母之愛子，第一望其康寧，第二翼其成名，第三願其保家。」士紳之家（包括一般百姓之家）要想成名、保家，都需要以讀書、參加科舉考試爲依託。所以，張英說，「幼年當專攻舉業，以爲立身根本。」〔註 24〕

讀書爲了科場進退，這是科舉時代世人的普遍心聲。說得再婉轉一點，或者堂皇一點，即使讀書不是爲了求取功名，走科舉之路，讀書也可以養心，修身養性：「人心至靈至動，不可過勞，亦不可過逸，惟讀書可以養之。……書卷乃養心第一妙物，閒適無事之人，鎮日不觀書，則起居出入，身心無所棲泊，耳目無所安頓，勢必心意顛倒，妄想生嗔，處逆境不樂，處順境亦不樂，每見人棲棲皇皇，覺舉動無不礙者，此必不讀書之人者也。……且富盛之事，古人亦有之，炙手可熱，轉眼皆空，故讀書可以增長道心，爲頤養第一事也。」〔註 25〕讀書同樣可以養生：「貧賤之士，果胸中淹博，筆下氤氳，自然進退安雅，言談有味，即使迂腐不通方，亦可以教學授徒，爲人師表。」〔註 26〕

在敦促家人的同時，張氏先人更注重身教的示範作用。張英父親張秉彝，雖然終身隱而不仕，但他非常喜愛讀書，並常常馳書勉勵張英，張英曾回憶說：「後數於家郵得先君手諭，皆細書盈幅，慰勵有加。」有時他乾脆將喜愛的書籍直接推薦給張英。如當張英在京城做官時，張秉彝在給兒子的書信後面附上一函，說「此《太上感應篇》也，近讀此不忍釋手，特以寄汝，見此

〔註 19〕〔清〕張英：《恒產瑣言》，《叢書集成新編》第 33 卷，第 216 頁。
〔註 20〕〔清〕張英：《聰訓齋語》卷 2，《叢書集成新編》第 33 卷，第 221 頁。
〔註 21〕〔清〕張廷玉：《澄懷園語》卷 1。
〔註 22〕〔清〕張英：《聰訓齋語》卷 2，《叢書集成新編》第 33 卷，第 221 頁。
〔註 23〕〔清〕張英：《聰訓齋語》卷 2，《叢書集成新編》第 33 卷，第 221 頁。
〔註 24〕〔清〕張英：《聰訓齋語》卷 2，《叢書集成新編》第 33 卷，第 222 頁。
〔註 25〕〔清〕張英：《聰訓齋語》卷 1，《叢書集成新編》第 33 卷，第 217 頁。
〔註 26〕〔清〕張英：《聰訓齋語》卷 2，《叢書集成新編》第 33 卷，第 221 頁。

如見汝父」。〔註27〕從中可見其對兒子的殷切之念。乃父「晚年益精性命之學，宅後構一亭，蒔花竹、列圖書，課子孫誦讀，晨夕居其中。」〔註28〕

張秉彝的夫人吳夫人，雖然只生有一子，但其將其它六子也視爲己出，一視同仁，毫無軒輊，她給張英留下最深刻的印象即爲她嚴厲督促子弟學習，爲子弟選擇良師益友。當張家家貧不濟時，她甚至「脫簪珥以佐束脩。」他們「寓金陵時，所僦屋甚隘，遷徙無定居。」但吳夫人「必先營書室。」當她隔窗聽到子弟讀書的咿呀之聲，到深夜也不停息時，就會面露喜色。「時大人往來於桐，太君以教子爲己任，間請於大人簡題數百爲簽，作大斗貯之。遇文期則掣簽命題，文未畢，不令就寢。後遷桐居山中，猶擇鄰庵，命叔兄讀書其中，採山蔬以給饋食，勉厲益力，以故播遷瑣尾中，而諸兄侄未嘗廢學。」〔註29〕張英這一輩人的成功，不但有其父張秉彝的功勞，乃母吳夫人也功不可沒，不可小覷。

張英、張廷玉父子也酷愛讀書。張英認爲，和其它喜好相比，讀書只有好處，沒有壞處；只有樂處，沒有苦處：「人云凡人欲飲酒博弈，一切嬉戲之事，必皆覓伴侶爲之，獨讀快意書、對佳山水，可以獨自怡悅；凡聲色貨利，一切嗜欲之事，好之有樂則必有苦，惟讀書與對佳山水止有樂而無苦。」〔註30〕

張英在龍眠爲官時，喜讀蘇軾陸游之詩，對於時人不知愛惜古人詩文集，而只知收藏片紙隻字的行爲大惑不解。他在日間忙碌之後，晚上點燃蠟燭，焚燒香條，煮上香茗，一切準備就緒之後，開始讀蘇、陸之詩，讀至二鼓方才釋手，並美其名曰「延兩君子於坐，與之相對。」儼然如同見到蘇軾、陸游的容貌鬚眉一般。並賦詩一首曰：「架頭蘇陸有遺書，特地攜來共索居，日與兩君同臥起，人間何客得勝渠。」〔註31〕正是通過讀書，他在書中找到了知己，化解了現實中獨處異地，沒有朋友的遺憾。張廷玉認爲爲官者應多讀書，以此陶冶性情，涵養學問，增長經世濟民的才幹，讀書始於修身，終於濟世。有人曾經問他：「士大夫好言學問、經濟，而往往失之偏，其爲患孰甚？」

〔註27〕〔清〕張英：《文端集》卷43。
〔註28〕〔清〕張英：《文端集》卷43。
〔註29〕〔清〕張英：《文端集》卷43，《先妣》。
〔註30〕〔清〕張英：《聰訓齋語》卷2，《叢書集成新編》第33卷，第223頁。
〔註31〕〔清〕張英：《聰訓齋語》卷1，《叢書集成新編》第33卷，第219頁。

他答曰：「學問失之偏，不過一膠柱鼓瑟之人耳，其患在一己；若經濟失之偏，苟得志，則民生吏治皆受其病，為患甚大，不可同日語也。然經濟之偏，亦自學問之失來。」〔註32〕真才實學才是治世的關鍵與基礎。

張英通過多年的閱讀生活，摸索出許多至今看來仍行之有效的閱讀技巧。他指出讀書要根據不同的年齡階段，劃分不同的讀書內容，他以二十歲為界，建議二十歲之前和二十歲之後所讀之書各有不同。「少年知識未開，天真純固，所讀者雖久不溫習，偶而提起，尚可數行成誦；若壯年所讀，經月則忘，必不能持久。故六經秦漢之文，詞語古奧，必須幼年讀，長壯後雖倍蓰其功，終屬影響。」〔註33〕因此，要利用八歲到二十歲之間的珍貴歲月，閱讀急需之書，以受用終身。這一段時間以讀書為主，大量閱讀，進行知識的最初積累。「此時，時文固不可不讀，亦須擇典雅醇正、理純詞裕、可歷二三十年無弊者讀之。」其它無多大用處的時文則不能將珠玉難換的歲月消磨在這上面。讀書要溫故知新，要為我所用，不能讀後束之高閣。讀一本書就要發揮其最大用處，他要求子弟「將平昔已讀經書，視之如拱璧。一月之內必加溫習，古人之書安可盡讀？但我所已讀者，決不可輕棄，得尺則尺，得寸則寸，毋貪多，毋貪名，但讀得一篇必求可以背誦，然後思通其義蘊，而運用之於手腕之下……若曾讀此書而全不能舉其詞，謂之畫餅充饑，能舉其詞而不能運用，謂之食物不化，二者其去枵腹無異。」〔註34〕張廷玉悟出的讀書之法就是「隨手錄」。他讀書時「遇賞心怡情，不常經見者」，就隨手記錄下來，他把這種做法稱為「隨手錄」。他二十歲開始筆錄，到五十歲時，「得五帙約記千篇有餘」。〔註35〕

科舉時代，作文是科舉應試必不可少的內容。張英父子均強調寫作文的重要性，張英認為士紳家庭的子弟「幼年當攻舉業」，把它們作為立身的根本。初作作文時，須有一個模仿練習的過程，此時，怎樣閱讀模仿時文呢？張英建議，讀文不在多，貴在領會，「擇其精純條暢，有氣局詞華者，多則百篇，少則六十篇。」將其融會貫通，變為自己真正掌握的東西，這樣才能有用。反之，「若貪多務博，過眼輒忘」即使讀書再多也沒有絲毫作用。最重要的是要把所讀內容

〔註32〕〔清〕張廷玉：《澄懷園語》卷3。
〔註33〕〔清〕張英：《聰訓齋語》卷2，《叢書集成新編》第33卷，第222頁。
〔註34〕〔清〕張英：《聰訓齋語》卷2，《叢書集成新編》第33卷，第222頁。
〔註35〕〔清〕張廷玉：《澄懷園語》卷3。

內化爲自己知識體系中的一部份，「故吾所以思常窒而不靈，詞常窘而不裕，意常枯而不潤，記誦勞神，中無所得，則不熟不化之病也。」〔註36〕

　　寫作文要講究寫作技巧，張英認爲，「文章爲榮世之業，士子進身之具」。〔註37〕作文一定要有光彩，才能動人。科舉文章的特點是「理明詞暢，氣足機圓。」〔註38〕爲敦促子弟寫出好文章，他要求子弟寫作時，「一題入手，先講求書理極透澈，然後，布格遣詞須語語有著落。勿作影響語，勿作艱澀語，勿作累贅語，勿作雷同語。凡文中鮮亮出色之句，謂之調，調有高卑，疏密相間，繁簡得宜處謂之格，此等處最宜理會。……夫能理會，則數十篇、百篇已足。……不能理會，則讀數千篇與不讀一字等，徒使精神瞶亂，臨文捉筆依舊茫然。讀文重在實用。」「作文決不可使人代寫，此最是大家子弟陋習。寫文要工致，不可錯落塗抹，所關於色澤不小也。」〔註39〕寫作文固然有利於科舉考試，但科舉考試並非是寫作文的唯一目的，「文字好則中式，世亦豈無好文而不中者耶？但不可因好文不中而不作好文耳。」〔註40〕

二、爲官之道──謙沖公正

　　俗話說：「只有百年莊農，沒有百年官宦」、「衙門財主一蓬煙，種田財主萬萬年」。這些俗語說明做官在帶來快速顯赫的同時，也昭示著顯赫會快速消亡。在傳統官本位社會中，爲官固然可以帶來種種好處，但高回報也帶來高風險，伴君如伴虎，爲官者稍有不愼，就可能招致降官、削職、貶謫乃至殺身之禍。況且，在科舉時代，官職不能遺傳，生不帶來，死不帶走，只是一種暫時的榮耀。因此，人們往往將做官與做財主相比較，來說明二者的短暫與久長。

　　但是，桐城張家卻歷代世居顯宦之位，張氏家族的仕宦經歷，似乎是在反諷這一民間俗諺。張氏家族以其仕宦歷時時間長、仕宦範圍廣、仕宦高官多聞名於有清一朝。張英、張廷玉所處的康乾時代，是張氏家族的頂峰時期。張英「立朝數十年，未嘗一日去上左右。皇上幸南苑及巡行四方，必以英從。

〔註36〕　〔清〕張英：《聰訓齋語》卷2，《叢書集成新編》第33卷，第222頁。
〔註37〕　〔清〕張英：《聰訓齋語》卷2，《叢書集成新編》第33卷，第222頁。
〔註38〕　〔清〕張英：《聰訓齋語》卷2，《叢書集成新編》第33卷，第222頁。
〔註39〕　〔清〕張英：《聰訓齋語》卷2，《叢書集成新編》第33卷，第222頁。
〔註40〕　〔清〕張廷玉：《澄懷園語》卷1。

一時制誥，多出其手。」被康熙稱讚爲「有古大臣之風」，死後入祀賢良祠。
〔註41〕張廷玉因「周敏勤愼，尤爲上所倚。」〔註42〕《清史稿》評價說：「世
宗初即位，廷玉已貳禮部，內直稱旨，不數年遂大拜。軍機處初設，職制皆
廷玉所定。額爾泰稍後，委寄與相埒……，可謂極心膂股肱之重矣。」〔註43〕
張廷玉曾因政績卓著，被「特恩晉三等伯」，縱觀有清一朝，「文臣無封公侯
伯之例，大學士張廷玉伯爵，係格外加恩。」〔註44〕由此可見張英父子分別
受到康熙、乾隆皇帝倚重的程度。作爲皇帝身邊的紅人，他們將爲官經驗書
寫出來，既是對過去輝煌經歷的總結與回顧，更是對子孫後代爲官之道的指
導與勸勉，以便給子弟指出一條做官的康莊大道，使他們儘量少走、甚至不
走彎路。

　　自張英崛起後，「文章甲等，籠踔一時，」在其五個兒子的後代中，五代
之內竟有 146 人獲得功名，占張氏家族獲得功名人數的 82％〔註45〕。一時之
間，「一門之內，朝紳命服，輝映閭里，海內容之。」〔註46〕人數眾多的張家
爲官者，通過各種方式告誡家人子弟爲官之道，以期望家人子弟爲官時，既
能確保仕途通達，又可以盡可能地善待民眾，福澤百姓。其中尤其以張英、
張廷玉父子的家訓爲主。張英把自己的爲官經驗總結爲：「非理事決不做，費
力挽回事決不做，敗壞生平不可告人事決不做，衙門中事因物付物，一事當
前只往穩處理，不將迎於事前，不留滯於事後。」〔註47〕這既是張英的爲官
之道，也是張家人一貫恪守的爲官之道。概括起來，張家人的爲官之道，包
括謹小愼微、公正清廉等。

（一）謹小愼微

　　爲官之道，首先是要保住官位，張英和張廷玉雖然居官顯赫，但他們父
子二人都曾經「坐罪」。張英坐罪，是因爲當時悼念征剿噶爾丹殉難的佟國綱

〔註41〕〔清〕趙爾巽等：《清史稿》卷 267，《張英傳》。
〔註42〕〔清〕趙爾巽等：《清史稿》卷 288，《張廷玉傳》。
〔註43〕〔清〕趙爾巽等：《清史稿》卷 288，《張廷玉傳》。
〔註44〕蔡冠洛編：《清代七百名人傳》，北京市中國書店 1984 年版，第 92 頁。
〔註45〕Hilary J.Beatlie: Land and Lineage in Chian: A study of Tung cheng,Anwei,in Ming and Ching Dynasties, Cambridge University Press, 1979, p.104,105.
〔註46〕〔清〕李元度著，易孟醇校：《國朝先正事略》，卷 13，《張文和公事略》，第 370 頁。
〔註47〕〔清〕張維屏輯：《國朝詩人徵略》，卷上，《張英》，番禺張氏 1830 年刻本。

的祭文失辭，儘管它出自張英的下屬之手，但張仍然受到牽連，其罪在審之不詳，因而被罷尚書。乾隆十三年時，廷玉因老病乞休，未被應允。此後廷玉又多次乞歸，引起乾隆「不懌」，甚至當皇長子薨時，他又「即請南還」，違背禮制，其結果是「上逾怒」，清世宗遺詔讓張廷玉配享太廟之事，也差點作廢。張廷玉還鄉後，曾因親戚科場案牽連，甚至一度被抄家，後被照顧，家產才失而復得。這種伴君如伴虎般的爲官感覺使他們爲官時如履薄冰，不得不處處謹小愼微，反映到家訓中就是訓誡家人子弟爲官須謹言愼行。

費孝通曾說，「逃避被支配的命運，同時接近權力的泉源，需要一種高超的技巧。做官是不容易的，正如老話所說的，『君要臣死，臣不得不死』和『臣罪當誅，天王聖明』。如果官員放鬆了對皇帝利益的支持，他就有可能失去生命。當皇帝需要錢或勞力時，他必須積極地滿足這些要求——他的任務是把負擔轉移到人民的脊背上。同時，如果這個負擔對人民來說過於沉重的話，他們可能會造反，因此，這個官員就會首先受到攻擊，成爲皇帝的替罪羊。官員必須有兩幅面孔：在人民面前窮兇極惡，在皇帝面前卑躬屈膝。他們必須學會掌握分寸的藝術，要恰如其分才不會因爲皇帝的狂暴或者由於人民的憤怒而吃苦頭。中國官員的生涯被描寫爲是海上暴風雨時航行的特技。」〔註48〕面臨如此險惡的環境，要麼不做官，不在暴風雨中航行，但是爲官又會帶來如此多的看得見和看不見的榮譽與實惠，所以，儘管風險很大，還是有那麼多人前仆後繼地選擇在狂風暴雨中航行，如此則需特別注意航行技巧。

爲官是士紳及其子弟豔羨嚮往之路。一旦做官，獲取了各種看得見看不見利益時，也是其失去自由身之時，其自由被皇帝所操控。在如虎之君手下做官，首當其衝的爲官要訣就是謹愼、小心、圓滑世故，爲了使世故圓滑的爲人處世標準，能從心理上獲得慰藉，他們注意通過尋找理論根基，自圓其說。張英曾說：「天體至圓，故生其中者，無一不肖其體。懸象之大者，莫如日月，以至人之耳目手足，物之毛羽，樹之花實，土得雨而成丸，水得雨而成泡，凡天地自然而生皆圓，其方者，皆人力所爲，蓋棄天之性者，無一不具天之體，萬事做到極精妙處，無有不圓者。」〔註49〕張家沒有世襲特權，唯科舉是定，家道無常，仕宦之後，伴君在帶來榮耀的同時，也伴隨著風險甚至生命之虞，這種榮辱俱存的高回報伴隨著高風險的職業，使得他們練就

〔註48〕費孝通：《中國紳士》，中國社會科學出版社 2006 年版，第 9 頁。
〔註49〕〔清〕張英：《聰訓齋語》卷 1，《叢書集成新編》第 33 卷，第 218～219 頁。

了一幅圓滑世故的處世之道，他們比常人的高明之處就在於他們能夠爲其圓
滑世故找到理論根據，使其行動起來多些理直氣壯的膽量，少些歉疚不安之
感。

　　謹小愼微既包括愼言，也包括愼行。口不擇言，或所言非人，都容易招
來禍端。張英因小心謹愼，而「上益器重」。〔註50〕康熙表揚他，「老成敬愼，
始終不渝，有古大臣風。」〔註51〕張廷玉認爲爲官者首先應愼言：「凡事貴愼
密，而國家之事尤不當輕向人言。」因爲「一語而干天地之和，一事而折生
平之福。」〔註52〕「與其於放言高論中求樂境，何如于謹言愼行中求樂境耶？」
〔註53〕並強調說：「凡人於極得意、極失意時，能檢點言語，無過當之辭，其
人之學問器量，必有大過人處。」〔註54〕當然，多年的謹小愼微，使得心理
一直處於緊張狀態而不得舒展放鬆，長此以往，也會給人帶來極大的心理壓
力，爲尋求解脫，他們也不時有回歸田園的思想，張英「自壯盛即有田園之
思，作《芙蓉雙溪圖記》，屢見諸詩歌，往往留連不已。」〔註55〕

　　張英之妻姚氏，爲清初大臣姚文然之女，以賢淑稱世。張英中進士後，
家中仍然貧困。有一年張英爲會試同考官，入貢院半月不回家，以致家中乏
食，姚氏用家中所剩斗米做湯麵食，維持半月。〔註56〕姚氏也非常注重敦促
子弟謹愼守身。張廷玉兄弟入仕後，她常常告誡說：「你父親爲官，冰清玉潔，
你們也要謹愼宜守啊！」姚氏後雖其夫張英居京師二十多年，賢惠名聲傳於
宮廷，以致康熙就曾對其進行表揚。〔註57〕

　　謹愼還表現在愼行，康熙帝因爲張英「勤愼老成，深可依毗，賜清謹公
方四大字」。後來，康熙帝又下旨說張英「老實練達、端方公直、恪愼恭謹」。

〔註50〕〔清〕李元度著，易孟醇校：《國朝先正事略》卷7，《張文端公事略》，第191頁。
〔註51〕〔清〕李元度著，易孟醇校：《國朝先正事略》卷7，《張文端公事略》，第192頁。
〔註52〕〔清〕張廷玉：《澄懷園語》卷1。
〔註53〕〔清〕張廷玉：《澄懷園語》卷1。
〔註54〕〔清〕張廷玉：《澄懷園語》卷2。
〔註55〕〔清〕李元度著，易孟醇校：《國朝先正事略》卷7，《張文端公事略》，第191頁。
〔註56〕〔清〕李元度著，易孟醇校：《國朝先正事略》卷7，《張文端公事略》，第191頁。
〔註57〕康熙皇帝曾表揚說：「張廷玉兄弟，母教之有素，不獨父訓也。」見馬其昶：《桐城耆舊傳·張夫人傳》，臺灣廣文書局1978年版。

〔註 58〕張廷玉坦陳自己主政二十餘年，不敢輕議更張一事，就是顧慮輕率更張已有的章程，未必合乎實際，致使新章程「或數年而報罷，或十數年而報罷，其未罷之先，閭閻之受其累不少矣，可不慎哉！」〔註 59〕為官者一語一事，「當時時留心體察，不可於細微處忽之。」〔註 60〕而且，制行愈高，品望愈重，愈要謹小慎微。「防檢稍疏則身名俱損。」〔註 61〕張廷玉「歷相兩朝，子侄戚黨列仕籍者數十人，皆能約以禮法，生平無聲色好玩之嗜，退食泊然無謀營，時手一編，安坐室中，闃然無人，僚友共事者，閱數十輩，平心接之，多所容納，人不見其有疾言遽色，然其能持躬謹省，而家門大盛，子若孫皆列法華、躋顯要。」〔註 62〕清人劉統勳曾評價說：「張廷玉歷士三朝，小心謹慎。」〔註 63〕可見，張廷玉為官的謹慎作風已經是時人有目共睹的不爭事實。張廷玉致仕時，乾隆皇帝曾寫詩相贈，其中就讚頌他辦事小心慎重：「兩朝綸閣謹無過」〔註 64〕。

　　張廷玉的弟弟張廷璩也同樣以謹慎小心地處理官場事務名世，史稱他「細微必慎」。他在每次入朝前，要先寫下自己的職務名稱，讀為「某官張某」，然後再屈指一算共有幾字，前後反覆看上三四遍後才敢出門，「督學試士日，公服竟日，雖燕處不脫。」當有人問他整日穿著公服是何緣故時，他回答說：「取士，國典也，敢忘恭呼？」〔註 65〕張廷玉之子張若靄「在內庭行走十餘年，小心勤慎，頗有父風。」〔註 66〕張氏家族為官者已經將父祖輩的謹慎小心奉為座右銘，時時指導自己的實際行動，俗話說，小心行得萬年船，正是他們這種小心謹慎的為官態度，才造就了張家世代為官的盛景。

　　張氏族人為官的普遍謹小慎微，使得張氏子弟世代位居顯職，成就了張

〔註 58〕〔清〕張廷玉：《澄懷園文存》，卷 11《先祿大夫太子太師文華殿大學士兼吏部尚書諡文端田公神道碑銘》，沈雲龍主編：《近代中國史料叢刊》第 52 輯，第 516 冊，臺灣文海出版社 1977 年版，第 761 頁。

〔註 59〕〔清〕張廷玉：《澄懷園語》卷 4。

〔註 60〕〔清〕張廷玉：《澄懷園語》卷 1。

〔註 61〕〔清〕張廷玉：《澄懷園語》卷 1。

〔註 62〕蔡冠洛編：《清代七百名人傳》上冊，北京中國書店，1984 年版，第 94 頁。

〔註 63〕〔清〕蔡冠洛編：《清代七百名人傳》上冊，第 94 頁。

〔註 64〕《清史列傳》卷 14，《張廷玉》，中華書局 1987 年點校本。

〔註 65〕〔清〕李元度：《國朝先正事略》，卷 7，《張文端公事略》、《張廷璩附傳》，第 193 頁。

〔註 66〕〔清〕蔡冠洛編：《清代七百名人傳》，第 94 頁。

氏族人長期的官宦生涯。但是，過于謹慎小心則不利於開拓事業，保守有餘而開創不足。

（二）公正清廉

對於爲官者來說，僅有謹慎小心、圓滑世故是遠遠不夠的，要多做實事，並能夠以公而忘私之心處之。張氏家人居官都有公正無私的作風。張英爲官公正無私，所做一切皆遵章守法，決不徇法外私情，「義所不可，雖威重不能奪。」〔註 67〕張廷玉結合親身體會，告誡子弟處理事務時，不能有私心，眞正以國家利益爲重，就會無暇顧及私人事情，如果有私心，那就是有意爲之，即便是鬼神亦不恥：「余近來事務益繁，雖眠餐俱不以時，何暇復問家務？乃知古人所稱公而忘私，國而忘家者，非有意忘之也，有其勢不得不忘耳。況受恩愈深，職任愈重，即本無私心，而識淺才疏，尙恐經理之未當，若再私意於胸中，是乃有心之過，豈不得罪於鬼神哉？」〔註 68〕張廷玉認爲公正無私乃人臣本職，但要做到並非易事，要有「公正自守，毀譽在所不計」的胸懷，「蓋毀譽皆出於私心，我不肯徇人之私，則可受人毀，不可受人譽矣。」〔註 69〕要有「人以必不可行之事來求我，我直指其不可而謝絕之」的勇氣，雖然對方一時怫然不樂，但「早斷其妄念，亦一大陰德也。若猶豫含糊，使彼妄生覬覦，或更以此得罪，此最造孽。」〔註 70〕張廷玉曾因爲官公正還受到雍正帝的嘉獎：雍正八年十月，「上（雍正帝）以大學士……張廷玉……贊襄政務，公正無私，奉旨恪恭，事事妥協」〔註 71〕而賞賜廷玉等人。

古人常以「書中自有千盅粟，書中自有黃金屋，書中自有顏如玉，書中車馬多如簇」等詩句激勵子弟勤奮向學，但桐城張氏家族中的爲官子弟，不僅僅是想得到千鍾粟、黃金屋、顏如玉等，其爲官目的還希望有所作爲，希望實現「外王」目標，這種目的指引著他們在官宦生涯中清正奉公、廉潔爲官。

在張氏家人看來，「居官清廉乃分內之事。」張廷玉主張：「爲官第一要廉，養廉之道，莫如能忍。」〔註 72〕身在官場，面臨無數誘惑時，如何對待？

〔註 67〕 〔清〕李元度：《國朝先正事略》卷 7，《張文端公事略》，第 191 頁。
〔註 68〕 〔清〕張廷玉：《澄懷園語》卷 1。
〔註 69〕 〔清〕張廷玉：《澄懷園語》卷 1。
〔註 70〕 〔清〕張廷玉：《澄懷園語》卷 1。
〔註 71〕 蔡冠洛編：《清代七百名人傳》上冊，第 90 頁。
〔註 72〕 〔清〕張廷玉：《澄懷園語》卷 1。

是坦然受之，還是保持清白之身？古往今來，雖然人各有異，但總括起來，不外乎貪污或廉潔兩種處理方式。張氏家族能世代爲高官，依靠的就是他們廉潔的爲官之策。張廷玉曾說，所謂忍是指「人能拼命強忍不受非分之財」，也就是說，面臨誘惑時，要能夠抑制欲望，甘於清貧，這樣，「則於爲官之道，思過半矣。」〔註73〕他把「清」看作是容易做到的平常事，並非「異人之能」，並不值得刻意炫耀。

張英爲官「一私不染」。〔註74〕張廷玉也爲官清廉，戒貪戒奢。他把明人俞行之「夜門無客敢懷金，秋屋有情甘飲料」之詩句，收錄於《澄懷園語》中藉以自勵。康熙四十五年（1706年），張廷玉奉命分校春闈，有同事擬通關節，以微詞試探，他「逆知其意，因作《闈中·對月絕句》四首，中有云：『簾前月色明如晝，莫作人間暮夜看』。其人覽之，懷慚而退。」〔註75〕此事爲士林廣爲傳誦。

一方面受家庭清廉環境潛移默化的薰陶，另一方面是父祖兄長的直接訓誡誘導，加之家庭精神面貌的感染，使得張氏家族形成清廉家風。張廷璪爲官時，「未嘗私受人一錢」，有一次，他的門生路過桐城，到江西就職，送廷璪「數百金爲壽」，被謝絕，廷璪說：「吾幸足衣食，安用金爲？」後來，又有人送人參給他，他又拒絕：「吾生平無病，焉用此？」〔註76〕當張廷璪的死訊傳至皇帝耳中時，皇帝唏噓不已：「張廷璪兄弟皆舊臣賢者，今盡矣，安可得也！」〔註77〕

在其位，當然要謀其政，如果江郎才盡、不能很好地處理事務時，是急流勇退，還政於國，退休致仕，還是獨佔其位，尸位素餐呢？中國傳統社會是官本位的社會，擁有官職就意味著擁有一切，政治上有優待，經濟上有特權，而一旦失去官職，這一系列特權也就隨之消失，至少特權要減少許多。因此，爲求能夠長久擁有官職，採取各種手段，以便能夠在仕宦之路上多滯留一段時間的人大有人在。張廷玉卻告誡子弟，身居其位時，要克盡職守，

〔註73〕　〔清〕張廷玉：《澄懷園語》卷1。
〔註74〕　〔清〕李元度：《國朝先正事略》卷7，《張文端公事略》，第191頁。
〔註75〕　〔清〕李元度：《國朝先正事略》卷13，《張文和公事略》，第374頁。
〔註76〕　〔清〕李元度：《國朝先正事略》卷7，《張文端公事略》、《張廷璪附傳》，第193頁。
〔註77〕　〔清〕李元度：《國朝先正事略》卷7，《張文端公事略》、《張廷璪附傳》，第193頁。

作爲國家禮待臣下的回報，而一旦臣下年老體弱或身體不適不能發揮應有作用時，就應當適時地讓出職位，使弱者退、能者上，他認爲這也是報答皇上禮遇之恩的一種方式。「臣子事君，能供職者以供職爲報恩，不能供職者即以退休爲報恩，蓋奉身而退，使國家無素餐之人，賢才有登進之路，亦報恩之道也。」〔註 78〕在官本位現象如此嚴重的清朝，張廷玉有如此想法，說明他眞正以國家事務爲重，這本身也是清廉的一種表現方式。

不過，張氏家人對於做事卻並不積極開創，從積極方面來說，可以說是穩重，從消極方面來說卻顯示出其保守有餘而創新不夠。如張英告誡家人「費力挽回事決不做……一事當前只往穩處理，不將迎於事前」〔註 79〕等等，張家人提出的謹愼作風，從保其官位出發，其意既在於惜名保身，也在於休養民生，防止官吏滋事擾民，從表象來看，顯示其保守之特點，但從文化的深層分析，他們的這些作風，實則是道家無爲、明哲保身哲學的體現。

三、爲人之道 —— 敦厚善良

作爲社會性動物，社會人與他人形成相互依賴、相互依存的同生共存關係。良好的人際關係，既有利於人格的完善，更利於整個社會形成一個良性互動的網絡，推動整個社會的發展。子弟如何處理與他人的關係，也是張氏家訓中諄諄教導的內容。他們告誡在與他人相處的過程中，要處之以道：要嚴於律己，淡泊名利，安分知足，多奉獻，少索取；多付出，少回報；多成人之美，不與人爲惡。

（一）「擇友以保家」

在與他人相處過程中，有些對象無論善惡好壞均無可避免，如同事、同學、同僚等，但也有一類對象，是否與其交往，交往的深淺程度，卻把握在自己手中，這就是朋友的選擇。選擇什麼樣的朋友，與朋友如何交往，都由自己把握，而朋友品行的好壞，又直接影響到該交往人品行的好壞。孔子說：「與善人居，如入芝蘭之室，久而不聞其香，即與之化矣；與不善人居，如入鮑魚之肆，久而不聞其臭，亦與之化矣。」〔註 80〕選擇什麼樣的朋友與之交往，往往關係著個人人生去向，結交好的朋友，就會志同道合、風雨同舟、

〔註 78〕　〔清〕張廷玉：《澄懷園語》卷 1。
〔註 79〕　〔清〕張維屏輯：《國朝詩人徵略》卷上，《張英》。
〔註 80〕　〔三國魏〕王肅編著：《孔子家語》卷 4，影印文淵閣四庫全書本。

齊頭並進，而如果交友不善、遇人不淑，則有可能一生都處在其惡劣影響的陰影中。

　　如張氏這樣世代顯宦的士紳家族，首當其衝的是想方設法盡可能長久地保住官宦之家的地位，居於社會上層，他們的一切做法都以此爲出發點。保持家道隆興首當其衝的前提是子弟的賢能與否，而子弟的賢能固然離不開來自家庭、學校和社會良好的教育，同樣，子弟的賢能與否與他們交往對象也不無關係。謹愼擇友是張家代代相傳的傳統。「保家莫如擇友」是張家祖傳家訓，這是「痛心疾首之言。」〔註81〕

　　張英把擇友當作人生第一等事，擇友也是張英本人的親身體會：「擇交之說，予目擊身歷，最爲深切。」子弟幼年時，不離父母，所以有父母督責。入學讀書後，又有嚴師監督。但子弟長至十六七歲時，父母逐漸將其視爲成人，而老師也漸漸對其減少督責，而他們此時又是處於「知識漸開，嬉遊漸習」的階段，「雖父母師保之訓，與妻孥之言，皆可不聽。而朋友之言，則投若膠膝，契若芳蘭。」他們此時又是未成人，他們的世界觀、人生觀處於正在形成的過程中，這時，遠離父母老師的他們身邊就只有朋友之類的親近之人，他們「必視朋友爲性命」，朋友的作用非同小可，他們會惟朋友之言是聽，「乍得友朋，投契締交，其言甘如蘭芷，甚至父母、兄弟、妻子之言，皆不聽受，惟朋友之言是信。」「所與正則隨之而正，所與邪則隨之而邪，此必然之理，身驗之事也。」但是，一旦「有匪人側於間，德性未定，識見未純，鮮未有不爲其移者。」官宦家庭的子弟，因其特殊的政治經濟地位，給一些有目的的人以更多的覬覦機會，他們會想方設法地親近士紳子弟，對他人還缺乏應有辨別能力的士紳子弟「一入其殼中，迷而不悟」，這時，即使有尊長勸諭，他們也聽不進去，反而與尊長之間產生嫌隙、矛盾，且「益滋乖張。」〔註82〕不但給個人帶來不利，而且可能會給家人和家族帶來禍患，所以，張家素有「保家莫如擇友」的家訓。

　　朋友的作用如此重要，當然要謹愼擇友。擇友首先要注意的是「愼之於始」，愼選朋友，朋友不必多，「儉於交遊則匪類遠」。朋友之間在於相互契合，與之交往後能夠相互勉勵，共同進步，要對自身有鞭策促進作用。張英

〔註81〕　〔清〕張英：《聰訓齋語》卷2，《叢書集成新編》第33卷，第221頁。
〔註82〕　〔清〕張英：《聰訓齋語》卷2，《叢書集成新編》第33卷，第221頁。

告誡子弟，「但於至戚中，觀其德性謹厚、好讀書者，交友兩三人，足矣。」
〔註83〕要遠離「戲遊徵逐」之友，他們「耗精神而荒正業，廣言談而滋是非」，
〔註84〕他們會滋生各種是非，給個人家庭乃至家族帶來困擾。

　　眞正的朋友是志同道合的朋友，朋友之間「有善相勉、有過相規、有患
難相救」。〔註85〕本著這種交友原則，張氏家人在官場上自然不樹朋黨。如張
英薦舉人才，「終不使其人知」。〔註86〕張英因爲人忠實，外和內剛，而使得
「自同官及後進之士皆傾心相向」，但他退朝之後，「惟手一編，蒔花鼓琴自
娛」，謹愼交友，使得「雜賓不敢至」。〔註87〕張廷玉一如乃父，他有機會推
薦翰林人才時，「有所薦舉，即擢用，終不使其人知。」〔註88〕謹愼交友，不
構朋黨，使得張氏子弟在官場上得以進退有節、遊刃有餘。

（二）「淡泊名利，知足常樂」

　　人生在世，離不開物質財富，物質財富是人生存的前提與基礎，它供人
生，致人樂。但是人對物質的追求要適可而止，不能成爲物質所役使的奴隸，
過度地追求物質財富，貪婪之心不加遏制，爲物所累，徒增煩惱不說，有人
還可能會爲此鋌而走險，釀下大錯。怎樣在人們對財富的追求和物質財富對
人們的需求滿足之間把握好一個度？使得財富既能滿足人們的基本需求，又
使人不爲其所累？這是人們一直思考的問題。「君子愛財，取之有道。」愛財
之心，人皆有之，但一方面要取之有道，另一方面則不要過度放縱追求財富
的欲望。在這方面，張家人比較自律，張家人大多都有一顆淡泊心，官居顯
赫，也並不過份追求名利。

　　大多數人都認爲，人生適意之事爲獲得貴富。張英卻認爲，擁有它們固
然是好，但如果處理得不當，就會爲其所累，一旦爲其所累，自然就無福可
言。因爲富貴是「高位者責備之地，忌嫉之門，怨尤之府，利害之關，憂患
之窟，勞苦之藪，謗訕之的，攻擊之場。」並且「有榮則必有辱，有得則必
有失，有進則必有退，有親則必有疏。」財富積累得多就會想方設法經營布
置，保留守護，這自然要耗費精力，勞頓身體，其中的苦楚不可言狀。從消

〔註83〕　〔清〕張英：《聰訓齋語》卷2，《叢書集成新編》第 33 卷，第 221 頁。

〔註84〕　〔清〕張英：《聰訓齋語》卷2，叢書集成新編第33卷，第 222 頁。

〔註85〕　〔清〕張英：《文端集》卷 46，《雜著》。

〔註86〕　〔清〕李元度：《國朝先正事略》卷 7，《張文端公事略》，第 191 頁。

〔註87〕　〔清〕李元度：《國朝先正事略》卷 7，《張文端公事略》，第 191 頁。

〔註88〕　〔清〕李元度：《國朝先正事略》卷 13，《張文和公事略》，第 373 頁。

極方面來說，擁有財富會被各色人所覬覦，並會面臨各種不可預知的危險：「大而盜賊之劫取，小而穿窬之鼠竊，經商之虧折，行路之失脫，田禾之災傷，攘奪之爭訟，子弟之浪費」，個中酸甜，只有身臨其境的富貴者才能體會。所以，對於財富，要廉潔取之，淡泊視之：「則取之當廉，而不必厚積以招怨；視之當淡，而不必深恨以累心思。平心息忿，庶不爲外物所累；儉於居身而裕於待物，薄於取利而謹於蓋藏。此處富之道也。」〔註89〕惟其如此，才能安分省事、心神寧謐、百無紛擾。〔註90〕

　　張廷玉非常欣賞淡泊一切的思想：「萬病之毒，皆生於濃，濃於聲色，生虛怯病，濃於貨利，生貪饕病，濃於功業，生造作病，濃於名譽，生矯激病，吾一味藥解之，曰淡。」〔註91〕「人生樂事，如宮室之美，妻妾之奉，服飾之鮮華，飲饌之豐潔，聲技之靡麗，其爲適意者，皆在外者也。而心之樂不樂不與焉。惟有安分循理，不愧不怍，夢魂恬適，神氣安閒，斯爲吾心之眞樂。彼富貴之人，窮奢極欲，而心常戚戚焉。」〔註92〕

　　對名利的淡泊與知足是事物的一體兩面，對物質的追求要適可而止，能滿足基本的生活需要即可，不要給自己設置一些難以企及的追求目標，使精神長期處於一種不滿足的感覺，從而產生焦慮、煩躁的情緒，這樣做，只會「常憂」而不會「常樂」。

　　張英分析世人多苦的原因說：「庸人多求多欲，不循理，不安命。多求而不得則苦，多欲而不遂則苦；不循理，則行多窒礙而苦；不安命，則意多怨望而苦。」他們爲達目的而「局天蹐地、行險徼倖」，這樣做就像穿著棉絮在荊棘中行走一樣，它們怎知在康莊大道上行走之樂呢？而聖賢、仙佛沒有世人這些多欲奪求之病，他們常常能夠自得其樂，其樂陶陶。爲此，張英準備懸掛一對聯於堂中，勉勵自己與家人要知足常樂：「富貴貧賤，總難稱意，知足即爲稱意；山水花竹，無恒主人，得閒便是主人。」〔註93〕天下美景美不勝收，而富貴之人爲名利所役，同樣無閒心來享受，無閒情逸致欣賞。只有知足之人，才能體會把玩，享受人生至樂之美。知足就是無需過多的物質財

〔註89〕〔清〕張英：《聰訓齋語》卷1，《叢書集成新編》第33卷，第220頁。
〔註90〕〔清〕張英：《聰訓齋語》卷2，《叢書集成新編》第33卷，第223頁。
〔註91〕〔清〕張廷玉：《澄懷園語》卷1。
〔註92〕〔清〕張廷玉：《澄懷園語》卷1。
〔註93〕〔清〕張英：《聰訓齋語》卷1，《叢書集成新編》第33卷，第217頁。

富供人消遣，爲此，在日常生活中要厲行節儉，不事奢華。

張氏子弟不但不妄求意外財富，即使意外而至的富貴，他們也會儘量推讓。如張英子廷瑑輕易不受人饋贈，「以舊德篤行自守，其自奉甚陋」〔註94〕到了人所不堪的地步。這實際上是張家人知足的另一種表現。又如張廷玉長子若靄，雍正年間進士，廷試時，皇帝本將其拔爲探花，但張廷玉卻謝絕皇恩，「天下三年大比，合計鄉試者數十萬人，而登鄉薦者不過千餘人，以數科之人來京會試，而登春榜者亦只有三百餘人，是此鼎甲三名，雖拔於三百餘人之中，實天下士子十數萬人之所想望而不可得者。〔註95〕」張氏父子最後讓出鼎甲之名：「臣子若又占科名最高之選，臣實夢寐難安，願讓與天下寒士。」〔註96〕這一壯舉，實屬難能可貴，也說明父祖輩謙讓、淡泊名利的家訓對其產生的深刻影響。

（三）嚴於律己，善以待人

士紳之家有其特殊的家庭環境，這樣的家庭中當然有曾經爲官者、正在爲官者或即將要爲官者，這類家庭或多或少具有文化氛圍，這既是他們不同於常人之處，也是其子弟據以自傲的事情，這些特點也決定了對他們的要求，要不同於常人子弟。簡而言之，士紳家庭子弟就是要比常人更加嚴於律己。

張英指出：「世家子弟，其修行立名之難，較寒士百倍。」原因何在呢？因爲人們對待出生於這樣家庭的人原本就有別於普通寒士，他們稍有過錯，小有失誤，也不會有人當面指責；稍有驕橫，也沒有人願意對其規過勸善，他們幼年時嬌生慣養，爲親戚所嬌慣，年長後，習以爲常，也會受到朋友的諒解。「至於利交而諂，相誘以爲非；勢交而諛，相倚而作慝者，又無論矣。」人們背後稱道世家子弟，卻萬萬不能像對待寒士一樣來得直接：「或偶譽其才品，而慮人笑其逢迎；或心賞其文章，而疑人鄙其勢利；甚且吹毛索瘢，指謫其過失，而以爲名高；批枝傷根，訕笑其前人，而以爲痛快；至於求利不得，而嫌隙易生於有無；依勢不能，而怨毒相形於榮悴者，又無論矣。」因此，「世家子弟，必也謹飭倍於寒士，儉素倍於寒士，謙沖小心倍於寒士，讀

〔註94〕〔清〕李元度：《國朝先正事略》卷 7，《張文端公事略》，《附子廷瑑傳》，第193 頁。

〔註95〕〔清〕張廷玉：《澄懷主人自訂年譜》卷 3，第 65 頁。

〔註96〕〔清〕李元度：《國朝先正事略》卷 13，《張文和公事略》，《附子若靄傳》，第374 頁。

書勤苦倍於寒士，樂聞規勸倍於寒士」，惟其如此，才能得到與寒士等同的稱譽。」〔註97〕

嚴於律己，還包括時時刻刻要注意修正自己的不良情緒，要做到「性情不乖戾，不溪刻，不褊狹，不暴躁，不移情於紛華，不生嗔於冷暖。居家則蕭離簡靜，足以見信於妻孥；居鄉則厚重謙和，足以取重於鄰里；居身則恬淡寡營，足以不愧於衾影，無忤於人，無羨於世，無爭於人，無憾於己。」〔註98〕性情不要失之偏頗，待人處世事要合於規矩禮儀：人之居家立身最不可好奇，一部《中庸》本是極平淡卻是極神奇。人能於倫常無缺、起居動作、治家節用、待人接物，事事合於矩度，無有乖張，便是聖賢路上人，豈不是至奇。若舉動怪異，言語詭激，明明坦易道理，卻自尋奇覓怪，守偏文過，以爲不墜恒境，是窮奇檮杌之流，烏足以表異哉？布帛菽粟，千古至味，朝夕不能離，何獨至於立身制行而反之也。〔註99〕

在嚴於律己的同時，他們告誡子弟還應該爲善人、做善舉。何爲善人？「與人相交，一言一事皆須有益於人，便是善人。」〔註100〕善待他人，最終他人也會善待自己，這樣於己於家都大有裨益：「己無甚刻薄，後人當無倍出之患，己無大偏私，後人自無攘奪之患，己無甚貪婪，後人自當無蕩盡之患。」〔註101〕

與人爲善，善待他人，一言一行，一舉一動都要想到有益於人，而非損人利己，長此以往，「則人望之若鸞鳳，寶之如參苓。」這樣做必將利人利己，「必爲天地之所祐，鬼神之所服，而享有多福矣。」〔註102〕張英還將慈善待人作爲致壽的四種方法之一：「人能慈心於物，不爲一切害人之事，即一言有損於人，亦不輕發，推之，戒殺生以惜物命，愼剪伐以養天和，無論冥報不爽，即胸中一段吉祥愷悌之氣，自然災沴不干，而可以長齡矣。」〔註103〕懷有慈善之心，終身不做惡事，不存惡念，「可以對衾影，即可以對神明，斷無有上天遣伐而加以奇殃者，方寸之間，我可自主，以此爲避災免禍之道。」

〔註97〕　〔清〕張英：《聰訓齋語》卷2，《叢書集成新編》第33卷，第223頁。
〔註98〕　〔清〕張英：《聰訓齋語》卷1，《叢書集成新編》第33卷，第219頁。
〔註99〕　〔清〕張英：《聰訓齋語》卷2，《叢書集成新編》第33卷，第222頁。
〔註100〕　〔清〕張英：《聰訓齋語》卷2，《叢書集成新編》第33卷，第222頁。
〔註101〕　〔清〕張英：《聰訓齋語》卷1，《叢書集成新編》第33卷，第220頁。
〔註102〕　〔清〕張英：《聰訓齋語》卷2，《叢書集成新編》第33卷，第222頁。
〔註103〕　〔清〕張英：《聰訓齋語》卷1，《叢書集成新編》第33卷，第218頁。

〔註104〕張英曾在書房懸掛一副對聯勉勵自己時時刻刻多讀書，多做善事：「讀不盡架上古書，卻要時時努力；做不盡世間好事，必須刻刻存心。」〔註105〕

但是，在與他人打交道的過程中，難免會志不同道不合，往往會因這樣或那樣的原因而產生糾紛，對此，該作何處置呢？是據理力爭，以別高下，還是持寬恕之道？讓人三分？張英建議：「人有非之責之者，遇之不以禮者，則平心和氣思所處之時勢，彼之施於我者，應該如此，原非過當，即我所行，十分全是，無一毫非理，彼尚在可恕，況我豈能全是乎。」〔註106〕與他人交往，「惟有敦厚謙謹，慎言守禮」〔註107〕，忍讓不爭，「自古只聞忍與讓足以消無窮之災悔，未聞忍與讓反以釀後來之禍患也。」那麼，如何行忍讓之道呢？張英建議，「先須從小事做起」。他以自己的親身審查刑部案件的經歷，說明忍讓的重要性：「余曾署刑部事五十日，見天下大訟大獄多從極小事起，君子敬小慎微，凡事只從小處了。」小處不忍讓，最終將會釀成大禍患。小處忍讓也就是能夠受小氣。張英又說他自己「行年五十餘，生平未嘗多受小人之侮，只有一善策，能轉彎早耳。每思天下事，受得小氣則不至於受大氣，吃得小虧則不至於吃大虧，此生平得力之處，凡事最不可想佔便宜。」因為便宜是「天下人之所共爭也，我一人據之則怨萃於我矣，我失便宜，則眾怨消矣。故終身失便宜，乃終身得便宜也。」〔註108〕

普通人家都會要求子弟謙謹待人，但士紳子弟所面臨的境遇又不同於常人，他們更應該想到「盡人子之責，報父祖之恩，致鄉里之譽，詒後人之澤」，身為世家子弟，「原是貴重，更得精金美玉之品，言思可道，行思可法，不驕盈不詐偽，不刻薄不輕佻，則人之欽重，較三公而更貴。」〔註109〕

張氏家人向來就有與人為善的家風。張英雖不見其祖父之人，但「每聞鄉人言其厚德，邑人仰之如祥麟威鳳。」其叔父秉文「己酉登科，邑人榮之，贈以聯曰：張不張威，願秉文文名天下；盛有盛德，期可藩藩屏王家。至今桑梓以為美談。」其父親「生平無疾言遽色，居身節儉，待人寬厚，為介弟，未嘗以一事一言干謁州縣，生平未嘗呈送一人，見鄉里煦煦以和，所行隱德

〔註104〕〔清〕張廷玉：《澄懷園語》卷1。
〔註105〕〔清〕姚元之：《竹葉亭雜記》卷6，中華書局1982年版，第141頁。
〔註106〕〔清〕張英：《聰訓齋語》，卷2，《叢書集成新編》第33卷，第223頁。
〔註107〕〔清〕張英：《聰訓齋語》，卷2，《叢書集成新編》第33卷，第220頁。
〔註108〕〔清〕張英：《聰訓齋語》，卷2，《叢書集成新編》第33卷，第223頁。
〔註109〕〔清〕張英：《聰訓齋語》，卷2，《叢書集成新編》第33卷，第220頁。

甚多，從不向人索逋欠。」〔註110〕所以，張家三世「皆祀於鄉賢，請主入廟之日，里人莫不欣喜，道勝德之報。」〔註111〕張英第四子廷瑑平時自奉甚陋，但當「族黨有緩急」之時，他「出千百金不吝也。」〔註112〕張英孫子——廷瓚之子——若霈任嚴州同知時，曾「捐金造東門巨橋」，該橋因而被當地人稱爲「張公橋」，並在橋側建祠，祭祀張若霈。〔註113〕

張氏家族的盛德就是與人爲善，與世無爭，做善人，行善事。這是他們處世的原則，做人的根本。

四、小　結

桐城張氏家族「六代翰林，自祖父至曾玄十二人，先後列侍從，躋鼎貴，玉堂譜裏，世系蟬聯，門閥之清華，殆可空前絕後已。」〔註114〕張氏家族在科舉考試與社會認可方面可謂成功典範。「張氏最大特點是在清朝由科舉入仕，長期具有全國性的影響，並且延續有清一代的科舉家族」〔註115〕。張氏家族成功的原因固然很多，但倡導良好家風的薪火相傳，重視家庭教育的作用，當爲其中最主要原因。

張氏家庭教育成功的原因，無外乎能夠確切掌握家庭教育的要旨，深刻認識家庭教育的價值，家庭教育的方向正確、目標明確，所以成績卓著。張氏家庭教育思想深謀遠慮，規模宏大，包括「八教」、「四語」等，〔註116〕內容涵蓋修身勵學、治家睦鄰、爲官處世等全面內容。

在實施家庭教育時，張氏家人一直將讀書作爲興家的前提，讀書成就舉業，讀書使張家興旺起來；走上仕宦之路後，張氏家人爲官普遍謹小愼微，

〔註110〕〔清〕張英：《聰訓齋語》，卷2，《叢書集成新編》第33卷，第220頁。

〔註111〕〔清〕張英：《聰訓齋語》，卷2，《叢書集成新編》第33卷，第221頁。

〔註112〕〔清〕李元度：《國朝先正事略》卷7，《張文端公事略》，《附子廷瑑傳》，第193頁。

〔註113〕〔清〕李元度：《國朝先正事略》卷7，《張文端公事略》，《附孫若霈傳》，第193頁。

〔註114〕〔清〕陳康祺：《郎潛紀聞初筆、二筆、三筆》，「初筆」卷5，《桐城張氏六代翰林》，第93頁。

〔註115〕張傑：《清代科舉家族》，第262頁。

〔註116〕按：「八教」即「教之孝友，教之謙讓，教之立品，教之讀書，教之擇友，教之養身，教之儉用，教之作家。」「四語」即「讀書者不賤，守田者不饑，積德者不傾，擇交者不敗。」均見張英著《聰訓齋語》卷1，《叢書集成新編》第33卷，第220頁。

清廉自守，藉此法寶在仕途上瓜瓞綿綿，保證了張氏家道的昌隆；無論居官或致仕，張氏家人在與人相處時，都能夠律己寬人，謹慎擇交，與人爲善，促成了張氏家道的永續。

張氏家訓在成就張氏顯宦家族，並使之與有清一代相始終的同時，也起到了以下重要作用：

第一，有利於鞏固張氏家族。從代代相傳的先輩訓誡中，張氏子孫學習到：要立身須讀書擇友，要保家須積德行善，要爲官須公正廉潔等傳世佳訓。張英、張廷玉父子的家訓是在彙聚了先輩、賢達、時賢家訓精髓的基礎上，結合切身體察及生活的錘鍊鑄就而成。這些家訓足以指導張氏家人的言行舉止，足以安頓張氏家族的身家性命，足以團結張氏家人，張氏家族也因此得以世代位居顯宦，張氏家人才得以歷官遍及全國各地，張氏家族才得以與清朝相始終，歷久不衰。

第二，有利於促進儒佛道三教思想普及。在以儒家思想爲核心的基礎上，張氏家訓兼收佛道思想，並通過家訓將其進一步普及。張氏家訓中治學、修身、爲官本於儒家思想，其養生本於道家思想，其處世爲人則受到儒家和佛家思想的影響。

一如其它士紳家訓，張氏家訓尤其是張英父子家訓中蘊涵的儒家思想無處不在，他們強調讀書以積極進取，修身以完善品德，爲官以經世濟民，和親睦鄰，以建立友好的親緣、地緣關係，張氏治家主要是以儒學爲核心的傳統文化爲依歸。

道家強調戒殺伐、重節儉，修身養性、知足寡欲。《老子》四十四章云：「知足不辱，知止不殆，可以長久。」又四十六章云：「禍莫大於不知足；咎莫大於欲得。故知足之足，常足矣。」〔註 117〕惟有知足，才能常樂。桐城張氏家訓在敦促子弟積極向學，努力修身，熱心與政的同時，也表現出了對恬淡閒適生活的嚮往，不失爲緊張爲學爲官生活的一幅調劑良藥。長期爲學的辛苦與緊張，爲官的謹慎與小心，都使得張氏子弟的心理處於極度的緊繃狀態，稍有不愼，即會產生心理疾病，此時，調適緊張的學習與工作，張弛有度，就顯得不可或缺。尤其是學習之餘，閑暇之時，更需要有興趣愛好，以寄情、調適、慰藉。歷代文人騷客、賢人君子，或寄情於花鳥山水，或縱意於文章書畫，這既是對忙碌生活的調劑，也是對緊張焦慮心理的舒解。張英

〔註 117〕《老子》，《四部叢刊》初編，上海涵芬樓影印本。

曾指出：「人生不能無所適以寄其意，予無嗜好，惟酷好看山種樹。……此中有至樂存焉。手種之樹，開一花，結一實，玩之偏愛，食之益甘。此亦人情也。……循環玩賞可以終老。」〔註118〕以現代心理學研究理論來看，張英等張氏家人緊張忙碌而又小心謹愼的爲官生活，使得他們身心極度疲憊，如果沒有寄情花草樹木的閒適情趣來加以調節，很可能一直處於不健康狀態，甚至會「過勞死」，而像張英自然也就難以活到 72 歲的高齡。所以，張英在龍眠爲官時，「日則步屨於空潭碧澗、長松茂竹之側，夕則掩關讀蘇陸詩。」〔註119〕此外，張英提到致壽之道、養生之法，〔註120〕節儉惜福〔註121〕、知足寡欲等都蘊含著豐富的道家思想，這些均有助於他們在緊張的讀書、爲官之餘，適當地加以調節，使得身心健康發展，從而達到安身立命、全己保家的目的。

　　儒家強調仁愛，佛教強調慈善。張英父子家訓中的仁民愛物、惜物憐生的思想，既富含儒家的仁愛思想，也蘊含佛教的慈善思想。張英說：「人能慈心於物，不爲一切害人之事，即一言有損於人，亦不輕發，推之，戒殺生以惜物命，愼剪伐以養天和，無論冥報不爽，即胸中一段吉祥愷悌之氣，自然災沴不干，而可以長齡矣。」〔註122〕張氏家人本著與人爲善的指導思想，爲官時，張英、張廷玉父子極力舉薦有才之士，居鄉時，積極做善事，福澤一方，被傳爲佳話。〔註123〕

〔註118〕　〔清〕張英：《聰訓齋語》卷1，《叢書集成新編》第33卷，第218頁。
〔註119〕　〔清〕張英：《聰訓齋語》卷1，《叢書集成新編》第33卷，第219頁。
〔註120〕　按：張英讚賞古人的致壽之道：「致壽之道有四，曰慈曰儉曰和曰靜。他在工作之餘，「每晚家居，必尋可喜笑之事，與客縱談，掀髯大笑，以發抒一日勞頓鬱結之氣。」他稱之爲「眞得養生要訣」。他強調早睡早起、食忌過飽、心情舒暢等。張英還提出養生「六愼」：「一在謹嗜欲，一在愼飲食，一在愼忿怒，一在愼寒暑，一在愼思索，一在愼煩勞。」以上均見張英：《聰訓齋語》，《叢書集成新編》第33卷，第218、221頁。
〔註121〕　按：張英指出：「人生福享，皆有分數，惜福之人，福嘗有餘，暴殄之人，易至罄竭，故老氏以儉爲寶，不止財用當儉，而已一切事常思儉嗇之義，方有餘地。儉於飲食，可以養脾胃；儉於嗜欲，可以聚精神；儉於言語，可以養氣息非；儉於交遊，可以擇友寡過；儉於酬酢，可以養身息勞；儉於夜坐，可以安神舒體；儉於飲酒，可以清心養德；儉於思慮，可以蠲煩去擾。凡事省得一分，即受一分之益。」見張英：《聰訓齋語》卷1，《叢書集成新編》第33卷，第218頁。
〔註122〕　〔清〕張英：《聰訓齋語》卷1，《叢書集成新編》第33卷，第218頁。
〔註123〕　按：如張廷瓚之子張若霈官居嚴州時，曾「捐金造東門巨橋，邑人名『張公橋』。」張英四子廷瑑「族黨有緩急，出千百金不吝也。」均見〔清〕李元度：

　　善惡報應是張氏家訓中又一個富有佛教思想特色的家訓內容。張廷玉訓誡子弟說：「若果終身不曾行一惡事，不曾存一惡念，可以對衾影，可以對神明，斷無有上天譴罰而加以奇殃者，方寸之間我可自主，以此爲避災免禍之道，最易爲力。」〔註 124〕雖然張氏認爲「人生榮辱進退皆有一定之數」，〔註125〕但他們均建議子弟要積極爭取，存善去惡，求福去禍，當一切不可更改時，他們又以宿命論來安慰自己，從某種方面來說，這不失爲一劑撫慰心靈創傷的良藥。

　　桐城張氏在家庭教育中，將儒佛道思想內化爲家訓中的指導思想，指導其修身、治家、治學、爲官、處世，當學業事業成功，他們處於人生的上升時期時，儒家思想占主導地位，激活其滿腔熱血，指導其積極進取；但儒家思想並不能平抑其浮躁之心，所以，閑暇之餘、致仕居鄉之後，尤其是經歷宦海沉浮之後，他們更多地是用道家思想來調適自己的「業餘」生活，安撫自己受傷的心靈，修養自己疲憊的身心，不至於過度爲物所役、爲名所累；而在爲人處世方面，他們又本著與人爲善、愛惜物命的宗旨，將其所入與所出置於一個相對均衡的天平之上，以獲得心理平衡，這既富含儒家仁愛思想，也蘊涵佛教的慈善思想。

　　簡言之，桐城張氏家訓思想是以儒家思想爲核心，兼採佛道思想，其思想上的兼容並包取得了極大的成功。張氏子弟無論是出仕還是居家，都有強大的精神后盾做支撐，使得他們爲官則造福於民，爲民則福澤一方，群處時仁愛慈善，獨處時恬淡自適，可謂張弛有度、進退裕如。

　　張氏家訓不但成功指導張氏家人子弟修身齊家、治學爲官，而且澤被後世。張氏家訓蘊含豐富的儒佛道思想，並將其通過通俗化、世俗化的方式傳諸後人，既促進了儒佛道三教思想的融合，也對它們世俗化起到了推波助瀾的作用。

　　　《國朝先正事略》卷 7，《張文端公事略》，《附子廷瑑傳》，《附孫若霈傳》，
　　　第 193 頁。
〔註 124〕〔清〕張廷玉：《澄懷園語》卷 1。
〔註 125〕〔清〕張廷玉：《澄懷園語》卷 1。

第六章　明清士紳家訓的特點及現代啓示（代結語）

　　明清時期，是我國封建社會的後期，從政治上來看，封建專制皇權強化，地方宗族勢力進一步發展，從經濟上來說，商品經濟有進一步的發展，從文化上來說，科舉制度成爲取士的唯一標準，理學爲官方意識形態，並無孔不入地深入民間社會。所有這些政治經濟文化方面的表現都在明清士紳家訓中得到折射，或者說，明清士紳家訓同樣是時代文化的反映，它不可能脫離時代而單獨存在，我們既可以說明清士紳家訓爲我們研究明清社會保存了相當的文獻資料，我們也可以說，明清社會的政治經濟文化等都在家訓中或多或少地有所反映，家訓既是時代的產物，又反映著時代的變化。作爲特定時空範圍的產物，明清士紳家訓從內容、思想到體例，既與其它家訓有相同的地方，也有其階層特色。

　　明清士紳家訓雖然是特定時空環境下的產物，其中許多糟粕會隨著舊時代的終結而被丟棄，但是，其中成功的經驗和不足之處都給我們今人許多有益的啓示，如他們在家訓中貫穿的人文主義情懷，他們有關成人與成才關係的正確認識，他們關於人格養成重要性的思考，他們注意將社會主流思想消化吸收內化爲個體自覺行爲等等。

一、明清士紳家訓的特點

（一）內容特點

　　明清士紳家訓內容包羅萬象，和一般家訓內容相比，有治家內容，有治

身內容，有治學內容，有應世內容。士紳家訓又有其「士紳」特色，擁有一定的文化知識，是文化的傳承者，有「士」的特點，使得學習、修身思想是這一時期士紳家訓中重要內容之一；他們曾經、現在或將來爲宦，有「紳」的特點，這就使得與仕宦有關的爲官訓誡也是這一時期士紳家訓中揮之不去的情結；另外，明清時期，尤其是明朝中後期以來，隨著商品經濟的發展及士紳階層的急劇增加，商品經濟大潮也衝擊著士紳階層，他們與商人之間密切聯繫，並改變對治生理財的看法，傳統的士農工商「四民觀」也被撼動，明清士紳在現實中親近商人，在家訓中談及治生、經商理念，在行動中從事治生理財的活動，從理念到行動，他們都賦予士紳階層以新的形象，而作爲文化的先行者，作爲大眾的引領者，士紳階層的這一變化又反過來影響著時人的認識和看法。可以說，是時代的變化影響到士紳階層的看法與做法，而士紳階層的看法與做法，又成爲整個社會效法的風向標，這樣，士紳階層與社會民眾之間形成良性互動關係，推動著社會的變化。我們從明清士紳家訓中可以看出，明清士紳在恪守傳統的同時，又與時推遷，使得他們的家訓既蘊含有傳統文化的內核，又富有時代氣息，這樣就使其在教育子弟方面更具有現實意義，也更具有可接受性。

1. 修身治學是主題

明清士紳家訓秉承儒家思想，是儒家思想的世俗化表現。士紳階層都受到儒家文化的薰陶和影響，以儒家文化倡導的「道」作爲他們的最高理想，以實現「內聖外王」作爲他們人生的最終目標。而儒家思想強調修齊治平，把修身作爲治國平天下的前提與根本，正如《大學》所言：「古之欲明明德於天下者，先治其國，欲治其國者，先齊其家，欲齊其家者，先修其身，欲修其身者，先正其心，欲正其心者，先誠其意，欲誠其意者，先致其知。致知在格物，物格而後知至，知至而後意誠，意誠而後心正，心正而後身修，身修而後家齊，家齊而後國治，國治而後天下平。自天子以至於庶人，壹是皆以修身爲本。其本亂而末治者否矣，其所厚者薄，而其所薄者厚，未之有也。壹是一切也，正心以上皆所以修身也，齊家以下則舉此而錯之耳。」〔註1〕通過修身所獲得的道德操守，是每個人進入社會所應具備的基本價值和倫理準備，儒家思想的突出特點是強調「內修聖人之道，外成王者之治」思想，修

〔註 1〕〔宋〕朱熹：《四書集注·大學章句》，嶽麓書社 1987 年版，第 6～7 頁。

身只是手段並非目的，其最終目的是達到「外王」終極效果。

修身本來是儒家思想的一貫主張，在各朝各代都受到士人的重視，到了明清時期，一方面由於理學身居思想界統治地位，成爲官方的意識形態，而理學的主要內容之一就是強調修身；另一方面，《大學》和《中庸》在此時也受到統治者的高度重視，作爲四書的一部份而成爲科舉考試的必備科目，從而使得修身思想受到前所未有的重視。《大學》本是《禮記》中的一部份，明清時期，統治者爲了加強統治的需要，將《大學》抽繹出來，組成「四書」的一部份，成爲莘莘學子學習的重要內容，也成爲科舉考試的敲門磚。《大學》是中國傳統社會系統論述修身文化的重要典籍，強調從治國平天下著眼，從修身正心著手，這種修煉道德的工夫，儒家將其稱爲「內聖」，即內修聖人之志，它和經世濟民的「外王」思想相輔相成，成爲古代知識分子普遍的人生追求。《大學》第一章就講：「大學之道，在明明德，在親民，在止於至善。」「明明德」即在於要把自己內在所有的德性發揮出來，「親民」表達推己及人，由內在的德性推至外在的表現，「止於至善」是理想的實現和完成。《中庸》也指出修身對於治人治天下的基礎與根本作用：「……知所以修身，則知所以治人；知所以治人，則知所以治天下國家矣。」〔註2〕

強調修身本是元典儒家倡導的以一貫之之道，到了明清時期，朱熹所整理的《四書集注》倍受推崇，成爲科舉考試的準繩，「一部《大學》只說得修身，一部《中庸》只說得修道，一部《易經》只說得善補過，修補二字極好，器服壞了，且思修補，況於身心乎？」〔註3〕由於四書的推行而使得儒家修身的主張更加受到重視。元典儒家思想主張修身是爲了治平，修身是手段不是目的，他們希望通過內在的修煉，使道德臻於完善，以更利於治理天下。但是，隨著心學的出現，許多士紳日趨強調修身，甚至只是片面地強調修身，而忽略了對治平的終極要求與期待，以至於這一時期的「內聖外王」之學「很明顯地只是「內聖」之學。……主要地甚至全部都是內省修身，而極少經世致用。」〔註4〕這已背離了儒家的初衷了。

一方面是由於對儒家元典思想的整理，使得《大學》、《中庸》中強調的修身思想進一步受到重視，另一方面是理學以及心學的崛起，使得本來主張

〔註2〕〔宋〕朱熹：《四書集注・中庸章句》，第41頁。
〔註3〕〔明〕姚舜牧：《藥言》，《叢書集成新編》第33卷，第200頁。
〔註4〕李澤厚：《中國古代思想史論》，天津社會科學院出版社2003年版，第255頁。

「內聖外王」之均衡發展的儒學成為單方面強調「內聖」的學問，而忽視「外王」的學問，這種社會主流文化現象主導著士紳家訓的相關內容，修身自然成了家訓中的一個重要內容。這一時期家訓中有關修身的內容，既全面又細緻，並對元典儒家思想中的修身內容作了世俗化的處理，更利於士紳家庭的家人子弟實際操作。

在明清時期，科舉是士人唯一的晉升之階，也是維持家聲之工具，無論是通過科舉保持家道永續，還是實現治國平天下的遠大抱負，抑或二者兼而有之，為實現這些理想，都需要走科舉之路，而在科舉應試的漫漫征程中，讀書治學是其不變的主旋律，唯有飽讀詩書，滿腹經綸，才能在科場中運籌帷幄，穩操勝算，所以，無論是父訓也好，母訓也罷，勸道家人子弟讀書學習都是士紳家訓中的重點內容。可以說，在明清士紳家訓中，雖然士紳的身份各有不同，但教導子弟讀書學習是每篇家訓都必不可少的內容。當然，訓誡子弟讀書，作為文化載體的士紳階層最有發言權，他們的「士人」身份，正是藉由讀書而來，何時讀書，讀什麼書、讀書與作時文的辯證關係、寫作時文的技巧與方法等等，對於這些過來人來說，可以說是信手拈來。雖然身處科舉時代，讀書的內容不外乎以科舉應試《四書》、《五經》為主，但對於大致相同的讀書內容，他們卻有不盡相同的學習技巧與方法，其中的許多方法與技巧仍然值得我們當今學習與借鑒。走科舉仕途，是部份士紳家訓中勸導子弟讀書向學的一個重大動力。

同樣提倡讀書，但明清士紳階層與普通世人相比有獨特之處，那就是許多士紳並不把讀書作為步入仕途做官的唯一出路，他們要求子弟讀書的首要目的卻是明理做人。清人孫奇逢告誡家人說：「古人讀書、取科第猶第二事，全為明道理，做好人。道理不明，好人終做不成。」〔註5〕清人陸隴其在給其兒子的家信中說：「我雖在家，深以汝讀書為念。非欲汝讀書取富貴，實欲汝讀書明聖賢道理，免為流俗之人。讀書做人不是兩件事，將所讀之書，句句體貼到自己身上來，便是做人的法。」〔註6〕讀書是為了明白道理，以求做一個明明白白的立身天地之間的大寫的人，從而無愧於自我，無愧於家庭，無愧於社會，無愧於國家。也就是說，通過讀書學習，變化氣質，成為一個堂堂正正的人：「學貴變化氣質，豈為獵章句、干利祿哉？如輕浮則矯之以嚴正，

〔註 5〕〔清〕孫奇逢：《孝友堂家訓》，《叢書集成新編》第 33 卷，第 208 頁。
〔註 6〕〔清〕陸隴其：《示大兒定徵》，《叢書集成續編》第 61 卷，第 79 頁。

褊急則矯之以寬鬆，暴戾則矯之以和厚，迂持則矯之以敏迅，隨其性之所偏，而約之使歸於正，乃見學問之功大，以古人爲鑒，莫先於讀書。」〔註7〕他們主張通過讀書變化氣質，使個體道德趨於完善，以實現休身、齊家、治國、平天下的「內聖外王」的抱負。正是由於修身治學對於儒家所倡導的治國平天下的基礎與根本作用，所以深受儒家思想濡染的明清士紳階層在家訓中大量論及修身與治學，使得修身治學思想成了這一時期士紳家訓中的主旋律。

2. 治生思想趨於成熟

家訓中出現治生思想濫觴於宋代，到了明清時期，家訓中的治生思想漸趨成熟。在傳統社會中，相對於「謀道」來說，士人恥談「謀食」，他們以謀求成聖成賢之道爲己任，他們謀道不謀食、「憂道不憂貧」，他們認爲「耕也，餒在其中」，相反，「學也，祿在其中」，這些思想被歷代士人奉爲圭臬。隨著理學的勃興，「內聖」思想更進一步地受到重視，士紳階層注重的是正心、誠意等修身工夫，他們期望藉此提升人的內在價值，而對於謀食的治生之道卻恥而遠之。

但是，現實卻是殘酷的。首先，明清時期，人口暴增，而官僚隊伍人數並未因社會總人口的增加而同步增加，也就是說，官僚隊伍卻並未因此擴大。士紳階層生存環境的惡化，是他們在家訓中暢談治生的首要原因。據何學者何懷宏研究：從宋朝到清朝，隨著社會總人口的增加，生員總數也隨之增加，但進士人數卻並未隨之增加，〔註8〕明清以來，有大量的生員滯留在官場入口處，有些甚至終生滯留於此。這類士紳就不能通過做官獲取俸祿，得到生活來源，假如沒有祖上遺留下家產，他們只有轉而從其它方面謀求生存之道，這樣，治生對於徘徊於官場之外的士紳就顯得比較迫切。即使身在官場，從漢朝到清朝，官員的俸祿呈下降趨勢，如果廉潔爲公，僅憑國家俸祿，普通官員的生活不能完全得到保障。並且，明清時期，社會對於「貧窮」有了新的認識，「貧窮」一詞不再是一個中性詞而成爲貶義詞，時人普遍認爲「貧窮」是因爲不事節儉所致，這樣，從實際需要和觀念上來看，治生都成爲當務之急。

其二，從現實出發，士紳治生思想的出現是爲了解決當務之急。有部份

〔註7〕〔明〕龐尚鵬：《龐氏家訓》，《叢書集成新編》第33卷，第192頁。
〔註8〕何懷宏：《選舉社會及其終結：秦漢至晚清歷史的一種社會學闡釋》，第349頁。

明朝遺民士紳，他們不仕清朝，失去了謀道所賴以依存的來自於國家層面的可能的物質基礎，謀食問題對於他們來說，就更顯緊迫。達則兼濟天下，窮則獨善其身。這些明遺民士紳在痛苦反省之餘，對自身及對子女的要求中，修身就是一項主要內容——窮則獨善其身。但是，修身並不能解決個人及家人生計問題，他們又不願入仕獲取俸祿以達到「仰事俯育」。所以，這些遺民士紳當務之急就是解決生存問題，他們在家訓中自然會大量論及治生問題，他們對子弟的治生期許中，不再將治生手段僅僅局限於耕與讀。如明遺民朱舜水、陳確、傅山等對於子弟從事何種職業的限制很少，朱舜水提出「農、圃、漁、樵，孝養二親，亦上也；百工技藝，自食其力者次之；萬不得已，傭工度日又次之。」〔註 9〕陳確也提出除了可以從事耕讀之業，「醫卜星象，猶不失爲下策。」的觀點。〔註 10〕

其三，明朝中後期商品經濟的發展，使得傳統的「四民觀」受到衝擊，工商地位上升，「工商皆本」的觀念開始受到越來越多士紳的肯定，過去恥於與商人打交道的士紳，這時不但與商人有關係密切，而且熱衷於給商人及其家人撰寫墓誌銘，士商聯姻的現象也日益突出，士商之間的界限日趨模糊。有士人因生活無著轉而經商的，更有大量商人成功之後，敦促子弟向學的，士商相混的現象日益突出。士紳階層對商人階層不但完全接受，而且部份士人完全表現出豔羨商人的現象，這既說明時代變化對士紳階層的影響，而作爲文化導引者的士紳階層的認識反過來又影響著時人的認識，正是在這樣的循環往復中，商人階層的地位逐漸上升，並得到越來越多的認可，士紳階層也會在家訓中大量論及如何治生。

世事的變遷和生活的壓力，使得明清士紳不得不直面現實，他們由過去的恥談謀食，轉而在家訓中積極敦促子弟尋求謀食之道，畢竟，沒有了生命，侈談其它都是枉然。

3. 訓女家訓中強調為母者教導子弟的重要性

士紳家庭對於家中女子的訓誡，內容包羅萬象，德言容工等「四德」是對她們的全面要求。如果說普通平民家庭對於家中女子更多的是要求其要擔負起家人的衣食住行等物質層面的婦功的要求的話（畢竟生命的延續對於普通人家來說，比什麼都顯得重要），那麼，士紳家庭女子則更多的是要擔當起

〔註 9〕 〔清〕朱舜水：《朱舜水集》，《與諸孫男書》，第 46 頁。
〔註 10〕 〔清〕陳確：《陳確集・與同社書》，第 483 頁。

婦德所要求的義務。一般士紳家庭，在物質層面的需求上不存在太大的問題，對於她們來說，品德的修煉更爲重要，孝敬翁婆、相夫教子是對她們更爲重要的期待。當然，婦功也必不可少，如果說平民家庭的女子從事婦功的目的是爲了貼補家用的話，那麼士紳家庭的女子從事婦功更多的則是屬於精神層面上的示範、引導、管理，所以，相夫教子就成了士紳家訓中訓女的主要內容。〔註 11〕男外女內的性別社會觀使得女子無法走出家庭走向社會，只能固守在家中的士紳家庭女子實現其社會價值的方式也就是通過相夫教子，通過丈夫的成功，子女的成名來獲得心理的滿足與快適，對於她們來說，丈夫、子弟的成功就是她們的成功。

妻子的賢能對於維持和睦的家庭關係至關重要，士紳家庭中妻子的賢能就表現在相夫教子。如果說，在官僚士大夫家庭中，門第時代的男女受表揚是因爲他們有顯赫的家世、精深的禮儀修養、得體的舉止，有大家風範，那麼，在科舉時代，在士紳之家「使男女都受讚揚的最主要的品質，簡而言之，就是讓一個家庭得到功名，躋身於士人階層」〔註 12〕家庭得到功名不單是需要男子本人積極讀書學習，更需要一個賢內助、好妻子、好母親，她們能夠在需要的時候，襄助丈夫，敦促子弟，勉勵丈夫和子弟積極向學，走向成功，從而促進家庭的繁榮昌盛。

爲妻者，順從丈夫，固然在傳統社會中必不可少，更重要的是她要懂得襄助之道，在關鍵時候，勸勉丈夫，鼓勵其學習，敦促他們培養堅定的意志、刻苦的精神、堅持不懈地努力達到成功的彼岸。明清士紳家訓中希望妻子在品德的修煉、事業的創建、學業的堅持等方面發揮賢能妻子的角色，「愛夫以正者也。成其德，濟其業，恤其患難，皆正之謂也。」〔註 13〕當丈夫事業不順時，要起到疏導、安慰、調適的作用，以幫助丈夫走出人生低谷，重振其上進之心；當丈夫人生快意時，要及時勸誡勉勵，淡泊其追逐名利之心。要敦促丈夫懷善念，做善事，常存仁愛之心，常做善意之舉。

美國學者伊沛霞指出：（婦女）「從生養孩子得到的滿足感不該被低估。我們知道這項工作要求很高，把孩子養活，這本身就是一個重大成績，還要

〔註 11〕 按：無論古今，無論貧富，孝敬翁婆一直是社會普遍的期待與要求，明清士
　　　　 紳家訓也不例外，或者說，孝敬翁婆是亙古不變的主要內容，它在明清士紳
　　　　 家訓中自然也就沒有特殊性可言。
〔註 12〕 〔美〕伊沛霞：《內闈 —— 宋代的婚姻和婦女生活》，第 101 頁。
〔註 13〕 〔美〕伊沛霞：《內闈 —— 宋代的婚姻和婦女生活》，第 84 頁。

讓他們受教育，完成婚姻大事，都需要付出很多時間和精力。母親可以把很多才能和技巧用在孩子身上：可以利用自己的文學修養教孩子讀書；可以用人類天性和社會關係方面的知識教給孩子基本的道德準則和讓別人愉快的能力。當女人們在這些事上做的不錯時，就可以翹首以待別人讚賞自己的孩子，並受到所有認識到他們的人的尊敬。」〔註14〕伊沛霞所描述的這樣一位有學識的母親只有在士紳之家才能出現，或者說，她所描述的這位母親正是士紳家庭的母親，她們生養孩子，更重要的是她們教育孩子，教孩子知識，教孩子品德修養，總而言之，通過教育孩子，把他由一個生物性的人，變爲社會性的人。當然，在這一過程中，父親的作用也不可小覷，但由於士紳家庭中的父親或外出求學，或在外仕宦，或從事治生之業，「男主外女主內」的性別分工，使得一家中男子更多的時間是在家外度過的，而士紳家庭對子弟的學習期待更爲強烈，子弟讀書向學是士紳家庭不可或缺的重要組成部份。所以，當子弟尚未外出求學之前，或者外出求學閑暇歸家時，母親的督導作用就顯得尤爲重要。

如果說父親更多的是通過著述家訓、通過言傳來勸導家人子弟讀書向學的話，士紳家庭的母親則更多的是用實際行動即身教來敦促子弟學習，而這也成了士紳家庭子弟學業有成後有關其少年時期的珍貴記憶。明清士紳家訓中，對於妻子母親的角色要求，不再是一個被動的角色，而是一個主動的角色，要求她們主動襄助丈夫、教導兒女，要求她們識書達禮，聰明睿智，關鍵的時候能夠擔當治家重任，而重中之重，則是她們能夠成爲賢妻良母，最終通過丈夫的成功、兒女的成器、家道的昌隆來彰顯她們的高大形象，而她們也藉此獲得成功的喜悅。

（二）思想特點

明清士紳在家訓主要敦促家人注意以下幾類關係：個人努力與前途的關係（修身、治學），個人與家庭其它成員的關係，治家與治國的關係，個人與社會其它成員的關係（師、友），正同邪的關係（嫖賭），善同惡的關係（禁盜竊等），貧同富的關係（富人周濟貧人），個人與國家的關係（遵紀守法及時完稅納糧），內與外的關係等。在處理這些關係時，明清士紳家訓本著維護封建統治秩序和家族自身發展的宗旨，並期望子弟能夠積極進取，保持士紳階層優勢，不致下墮爲普通百姓，表現出儒家化、宗法化和士紳階層化的特點。

〔註14〕〔美〕伊沛霞：《內闈——宋代的婚姻和婦女生活》，第232頁。

1. 儒家思想為內核

明清士紳家訓是儒家思想忠實的傳道者。儒家思想所倡導的「三達德」和「五達道」被飽受儒學薰陶的明清士紳奉爲家訓圭臬，儒家思想成爲這一時期家訓中治身、治家、治學所遵循的不變的核心。孝悌、謹言、務學、修身、篤信、積善等成爲家訓作者敦促家人的重點。

士紳階層作爲社會實體，與國家權力相依爲命，「紳士比其它任何階層都更加深刻地與中國文化水乳交融，更全面地堅持中國是一切文明中心的主張。他們從孩提時起就接受儒家傳統和價值的教育，他們的社會地位和聲望在很大程度上建立在積極同這種傳統和價值打成一片的行動上。」〔註15〕黃仁宇也曾總結說：「如果知識分子放棄了正統的儒家觀念，則王朝的安全會立刻受到威脅。知識分子在政治上是政府中的各級官員，在經濟是中等以上的地主，因而也是這個社會眞正的主人。而正統的儒家觀念又是維繫他們的紐帶，除此之外，再無別的因素足以使他們相聚一堂，和衷共濟。」〔註16〕明清士紳家訓是以儒家思想爲靈魂，將儒家思想通過各種方式傳至子孫後代。「中央集權和儒家思想在整個社會中起著凝聚力的作用，有少許財產並略受教育的人都希望科舉入仕，這些人處於社會的各階層，他們所處的特殊地位（介乎大眾和儒家精英之間）使其充當了溝通大眾文化和儒家思想的媒體。」〔註17〕

明清士紳通過家訓將儒家思想所提倡的人生哲理、價值觀念、道德情操、理想期待濃縮到家庭中，使得儒家思想更加具體化、世俗化、大眾化、通俗化，儒家思想是家訓的內核，儒家思想也是通過家訓進一步得以走向民間與世俗，走向每個社會成員的思想和行爲中，成爲培養和孕育個體成員的精神營養。家訓爲儒家思想的傳播提供了最廣泛、最深厚的社會基礎。

明清士紳家訓成爲世俗化儒家思想的有力中介，過去高高在上、脫離世俗的精英文化「都是一種高雅的表現形式……其思想的深刻性，論證的周密性，文辭的華采性，都是一般社會成員所具備的有限文化水平難以誦讀和領悟的。中國文化的基本精神普及到民間，就需要一種通俗易懂的形式將豐富

〔註15〕〔美〕費正清等編：《劍橋中國晚清史》，中國社會科學院歷史編譯研究室譯，中國社會科學出版社1985年版，第606～607頁。

〔註16〕黃仁宇：《萬曆十五年》，三聯書店2004年版，第227頁。

〔註17〕〔美〕杜贊奇：《文化、權力與國家》，王福明譯，江蘇人民出版社1996年版，第123頁。

玄奧的道理寓教於生活之中，而傳統家訓則是對我國傳統文化精神和內涵的通俗化表達，運用長輩對少輩的談話方式，通過淺顯易懂的語言，表達我國傳統文化的深刻精神和宏偉的文化感染力。」〔註 18〕雖然相對來說，士紳家庭子弟，有一定的文化修養，但家訓是通過家庭教育表現出來，而家庭教育一般是在子弟早年、幼年時進行的，這時士紳家庭的子弟同樣尚未完全掌握玄奧的雅文化，他們對精英文化進行深入淺出的運用尚需假以時日，相對於精英文化來說，士紳家庭的子弟同樣也更需要世俗化了的儒家思想，以便於他們更好地接受並內化爲自己的價值體系的組成部份，因此，有些家訓「語不敢文，庶使異日子孫……若粗識數行字者讀之，了了也。」〔註 19〕。

明清士紳家訓對儒家思想的繼承與變通主要表現在以下幾個方面：

首先，家訓中直接引用元典著述中的經典內容。直接引用聖賢經典中的元典可以起到強化其勸誡的權威性、正確性及不容辯駁性。如在勸誡子弟家人多做善事、不做惡事時，以及這些行爲直接影響到家道的盛衰時，儒家元典——《易經》——中的「積善之家，必有餘慶；積不善之家，必有餘殃」〔註 20〕成爲明清士紳家訓中的一段精彩引文。該文通過正反對比，說明積善的好處以及積惡的弊端，以勸諭後人要及時行善，免遭禍患。如清人張履祥先引用易經元典：「易曰：『積善之家必有餘慶，積不善之家，必有餘殃。』又曰：『善不積，不足以成名，惡不積不足以滅身。』」接著對其進行闡發：「人之爲善，修其孝悌忠信，只是理所當爲，不善亦由此心之良不敢自喪以淪人禽獸，非欲僥福慶於天也。然論其常理，吉凶禍福恒亦由之積之之勢，不可不畏也。涓涓之流，積爲江河，星星之灼，燎於原之野，其始至微，其終至巨。」〔註 21〕張氏在肯定積善的積極意義時，並未將其與福慶結對成因過關係，而認爲人做善事是理所當然的事情，積善的目的是不至淪爲禽獸，而不是爲了邀取福慶，但是辯證地看，人人都多做善事，不做惡事，形成一個良性循環的氛圍，其結果自然是趨吉去凶，福來禍去。這樣，作者通過對積善行爲的肯定，而又揚棄傳統的宿命論觀點，既繼承又發展了儒家元典思想精華。

〔註 18〕 曾凡貞：《傳統家訓與傳統文化關係探析》，《玉林師範學院學報》，2006 年第 4 期。

〔註 19〕 〔明〕陳繼儒：《安得長者言》，《叢書集成新編》，第 14 卷，第 382 頁。

〔註 20〕 《易經・文言》。

〔註 21〕 〔清〕張履祥：《楊園先生全集》卷 4，《訓子語》。

又如，明人姚舜牧在勸誡家人不要爲利欲所驅使時，先引用《中庸》中的原句：「《中庸》云：『人皆曰予知，驅而納諸罟擭陷阱之中而莫之知辟也。』」接著對其進行分析演繹：「罟擭陷阱，誰不知險，誰任其驅而納諸？曰，利欲也。利欲在前，分明有個大坑井在，人自爭驅爭限焉，可痛矣。」〔註22〕以此說明無論是常人也好，還是智人也罷，人人都須謹防利欲的誘惑而迷失自我。

再如，清人張英也通過引用儒家先賢的元典思想來說明無欲無求才能快樂。他首先指出：「聖賢仙佛，皆無不樂之理，彼世之終身憂戚，忽忽不樂者，決然無道氣無意趣之人。」爲加強其說理的權威性，他接著引用儒家先賢的思想，「孔子曰：『樂在其中』，顏子不改其樂，孟子以不愧不怍爲樂。《論語》開首說『悅樂』，《中庸》言『無人而不自得』，程朱教『尋孔顏樂處』，皆是此意。」最後進行個人分析與闡釋：「若庸人多求多欲，不循理，不安命，多求而不得則苦，多欲而不遂則苦，不循禮則行多窒礙而苦，不安命則意多怨望而苦，是以跼蹐地，行險徼倖，如衣敝絮行荊棘中，安知有康衢坦途之樂，惟聖賢仙佛，無世俗數者之病，是以常全樂體。」〔註23〕以此說明，只有少欲少求，循理安命，才能常享神仙之樂。

明清士紳對於子弟與何人交友、怎樣擇友、怎樣交友，都非常認眞審愼，並且在家訓中反覆告誡家人，這時，引用儒家元典以加強說理的透徹性及可接受性，同樣成爲此時家訓撰述的一個重要特點，如明人葉瞻山在家訓中訓誡家人要謹愼擇友，那麼，怎樣擇友呢？不瞭解友人本身，就換個方式，觀察友人的友人，爲增強說服力，作者就引用了《論語》中的元典精要：「《語》所謂與善人處，如入芝蘭之室，久而不聞其香，與不善人處，如入鮑之肆，久而不聞其臭，家居須親近正人。」〔註24〕該語出自《孔子家語》：「不知其子視其父，不知其人視其友，不知其君視其所使，不知其地視其草木。故曰：與善人居，如入芝蘭之室，久而不聞其香，即與之化矣。與不善人居，如入鮑魚之肆，久而不聞其臭，亦與之化矣。丹之所藏者赤，漆之所藏者黑，是以君子必愼其所與處者焉。」〔註25〕作者精選儒家元典，言簡意賅地說明擇

〔註22〕〔明〕姚舜牧：《藥言》，《叢書集成新編》第33卷，第200頁。

〔註23〕〔清〕張英：《聰訓齋語》卷1，《叢書集成新編》第33卷，第217頁。

〔註24〕〔明〕葉瞻山：《家訓》，張師載輯：《課子隨筆鈔》卷3，《叢書集成續編》第61卷，第54頁。

〔註25〕〔三國魏〕王肅注：《孔子家語》卷4。

友的重要性及怎樣擇友的方法，以起到勸諭家人的目的。

明清士紳通過引用儒家元典中的精華部份，加上作者本人的闡發，在繼承儒家元典思想的基礎上，又結合時代特點及自身的認識，對其進行辯證地分析，既說理透徹，又富有啓發性，從而起到很好的勸諭效果。

第二，精鍊概括儒家思想。除了直接引用儒家元典，以增強說理的權威性及不容辯駁性之外，明清士紳還對儒家元典進行高度概括提煉，取其精華，並熔煉成家人明白曉暢的語言，以便使之更能夠適應普通的識字人群，以增強其勸諭的效果。

如關於修身與治世、通達與失意、得志與失志時，如何實現君子的「立德、立言、立功」「三不朽」？《孟子》中指出：「故士窮不失義，達不離道。窮不失義，故士得己焉；達不離道，故民不失望焉。古之人，得志，澤加於民；不得志，修身見於世。窮則獨善其身，達則兼濟天下。」〔註 26〕明清士紳繼承「窮則獨善其身，達則兼濟天下」的儒家價值觀，將其變通爲自己的言簡意賅的警語，以示訓誡後人。如清人吳麟徵指出，身當世道多變之際，「止有讀書明理，耕織治家，修身獨善之策……」〔註 27〕僅僅「修身獨善」四字，就高度濃縮了《孟子》文中的相關論述。當然《孟子》中的相關論述，其中語句的華麗、修辭的工整、論述的周密自不待言，但正因爲如此，使得其只能面向諳熟古典語法及雅文化的人士，而初涉學問之堂的士紳子弟，閱讀起這些儒家元典，自然和常人一樣倍感吃力，所以，有些士紳在著述家訓時，就能夠深入淺出，刪繁就簡，將其轉化爲子弟能夠接受的表達方式，以起到更好的訓誡效果。又如，同樣爲對積善和積惡的勸諭，明人高攀龍就將《易經》中儒家元典轉化成自己的語言，使之明白曉暢，通俗易懂：「善須是積，今日積，明日積，積小便大，一念之差，一言之差，一事之差，有因而喪身亡家者，豈可不畏也。……去無用可成大用，積小惠可成大德，此爲善中一大功課也。」〔註 28〕

第三，儒家思想的核心要義貫穿於家訓中，成爲其靈魂。儒家思想所強調的孝順、和睦、誠信、勤奮、立志、仁愛、廉潔等一直是所有家訓中不變的主題。通過對儒家思想的繼承與闡發，一種家訓是通過直接引用元典，以

〔註 26〕《孟子·盡心上》。
〔註 27〕〔明〕吳麟徵：《家誡要言》，《叢書集成新編》第 33 卷，第 188 頁。
〔註 28〕〔明〕高攀龍：《高子遺書》卷 10，《家訓》。

增強其說理的透徹性及可接受性，這表現出該家訓作者對儒家元典的熟識與把握，也從側面證明該家訓接受者是受到過一定的儒家思想的薰染，唯其如此，才能使此類家訓起到應有的作用，這類家訓反映出家訓作者及受眾都有相當的儒家思想的底蘊。第二種是把儒家思想理解轉化爲明白曉暢的語言，訓誡家人子弟，因其通俗易懂，使得此類家訓的受眾更爲廣泛，這一方面反映出此類家訓作者對儒家元典深入淺出的把握能力，也說明了此類家訓受眾更多的可能是初學者，他們不能準確理解元典思想的精華，或者說家訓作者擔心他們不能準確理解儒家元典，所以，對相應內容進行變通，以使之更容易理解。兩類寫作方式都各有其特色，各有其對應的受眾。如果說訓男家訓更多的是採取第一類寫作方式來昭示家訓作者的訓誡意圖，那麼，訓女家訓則更多的是採取第二類寫作方式，這顯示出女子相應來說，由於其學習的不系統不正規性，掌握的知識又極爲有限，所以，針對女子的家訓在借鑒儒家思想進行說理時，更多的是採取將儒家元典轉化爲通俗易懂的語言，使大多數即使終其一生也可能學識不深的女子能夠更好地接受訓誡，從而被訓誡成爲士紳所期望的女性角色。

第四，明清士紳家訓是國家政策的有力推行者及擁護者。儒家思想強調家國一體，其給君子設計的人生發展藍圖是走修齊治平之路，儒家思想由於其對穩固國家統治所特有的作用而成爲國家主流意識形態。深受儒家思想濡染及享有各種特權的明清士紳自然也附麗於國家政體，成爲國家政策的有力推行者及擁護者。

中國古代社會在進入階級社會時，保留有較多的血緣家族特色，階級社會是以家族爲基礎的國家政治組織形式。統治者以家族的方式建立階級國家，形成了家國一體的社會政治組織結構，國家所主張社會意識，就是家庭的精神嚮往和理想追求，國家所提倡的文化精神、價值觀念、道德體系、理想人格，就成了傳統家訓中的核心內容，士紳階層在政治上是即將、已經或正在成爲政府中的各級官員，在經濟上是有一定基礎的地主，「因而也是這個社會眞正主人」。〔註29〕與封建國家緊密相連的士紳階層，在一般情況下，其家訓中自然對國家主流意識形態大力尊崇與推揚。

反映到家訓中的相關內容就是對國家政策進行消化吸收，將其變通爲家人子女能夠理解執行的條款，以便在家中推行。如完稅納糧，懲治盜賊，禁

〔註29〕黃仁宇：《萬曆十五年》，第 227 頁。

戒嫖賭等，與國家政策相表裏，擺明維護國家政策，或者說，從某一方面來說，家訓在某種程度上，是宣揚國家意識形態的重要陣地，是國家政策的基層推行者，它強化著人們的宗族觀念和封建意識，成為明清時期民間自發產生的封建教化推行系統的一個有力組成部份。一方面士紳是國家政策的既得利益者，另一方面士紳還期望其子弟繼續走入仕之路，士紳與國家政府之間的這種依附關係，使其不可能游離於國家制度之外，他們對國家政策採取積極支持態度，表現在督導子弟家人的家訓中，自然也是鼓勵子弟順應國家政策及相關規定，成為封建國家的積極擁護者。如明人龐尚鵬告誡家人要及時完糧，不能拖延時日：「每年通計夏秋稅糧若干，水夫民壯丁糧若干，各該銀若干，即於本年二月內照數完納，或貯有見銀，或臨期糶穀，切勿遷延，累本甲比徵，如遇編差，先計用銀若干，預算積貯，以備應用，若待急迫而後圖之，或稱貸與人，則蕩遷無日矣。」〔註30〕

「由於紳士不具有世襲性，因而這一階層對於封建的晉階制度具有強烈的依賴性，同時也就對皇權產生了依賴性。在封建等級制和科舉制雙重作用下形成的皇權、紳權、民眾三層結構中，皇權只有通過紳權才能達到統治民眾的目的。紳權在皇權和民眾之間的作用上仍有相當的自主性。然而，在「君權神授」的皇權統治下，紳權只是皇權的延伸，它本身不是獨立的統治力量。它只有依附於皇權才具有合法性。科舉制正是締結皇權與紳權的社會紐帶。藉此，皇權與紳權形成生死與共的關係。」〔註31〕士紳要督導子弟以入仕為指歸，自然要附麗於國家權力之上，與國家權力有千絲萬縷的聯繫。「作為一個特權階級本身，紳士絕不是革命的。秩序和安全是他們唯一的興趣。」〔註32〕

2. 體現宗法特色

明清士紳家訓的宗法性特點表現在以下幾個方面。第一，家訓中規定家長具有很大權利。家人唯家長是從，雖然儒家思想向來都規定有子弟勸諫家長的義務，但明清以來，隨著宗族宗法制度的強化，父子間、夫妻間更多的是強調父對子、夫對妻的權利，子對父、妻對夫的義務；反之，父與夫應盡的義務、子與妻應享受的權利卻被忽略，父與夫的權利更加擴大化，顯示出

〔註30〕〔明〕龐尚鵬：《龐氏家訓》，《叢書集成新編》第 33 卷，第 193 頁。
〔註31〕王先明：《近代紳士──一個封建階層的歷史命運》，天津人民出版社，1997 年版，第 319～320 頁。
〔註32〕費孝通：《中國紳士》，第 119 頁。

宗法性加強的一面。

從整體上來說，傳統社會的女性地位都不高，但在明清士紳家訓中，當父親不在時，賦予母親的實際地位相對來說又比較高，這時，上尊下卑要優先於男尊女卑，也就是說，作為兒子的男性要從屬於作為母親的女性，從某一方面來講，這也是家長宗法權的又一種表現形式，此時母親是作為家長角色而發揮作用的。比如，明人楊繼盛曾告誡兒子說：「我若不在，爾母是個最正直不偏心的人，爾兩個要孝順他，凡事依他，……要著他生一些氣，便是不孝。」〔註33〕按照傳統「三從四德」的規範來說，女性沒有獨立的人格，她們一生都要依賴他人，或者是父親，或者是丈夫，或者是兒子，即「未嫁從父，既嫁從夫，夫死從子。」但我們從楊繼盛的家訓中分明看到至少在士紳之家母親的地位還是比較高的，當父親不在時，是父親代行家長之責，這一現象也從另一方面說明了家長宗法權利的權威性。

第二，在解決矛盾時，家訓中倡導儘量不告官，而在家內、族內自行解決。如楊繼盛等告誡子弟，當他們兄弟間出現不和時，要依賴族人解決，堅決不許告官，否則就是不孝的表現。明人龐尚鵬指出，當子孫違背家訓時，「會眾拘至祠堂，告於祖宗，重加責治，諭其省改。」〔註34〕這實際上賦予了家長、族人行使刑法的權利。

家內、族內矛盾不告於官府，雖然為國家節約了人力物力，但也無形中助長了家長及族長的權力。其它如懲盜賊、濟貧困、獎賢良、敦孝悌都離不開家長及宗族的權力。這些固然是封建國家法制不健全的表現，是他們對封建法制不信任的表現，如一般認為訟事就會勞民傷財，得不償失。但不訟官，儘量由家內族內解決一般矛盾的做法，使社會矛盾不至於全部集中到官府，某種程度上也緩解了官府和民眾之間的矛盾，減輕了對官方辦事能力的考驗，客觀上成了維護封建統治秩序的同謀。而宗族宗法家長也因此而獲得了大量的權力，他們在地方上代表國家政權執法，享受著法人的權力，既強化了封建統治的基礎，也鞏固了封建家長制和宗法制。

3. 確保士紳階層優勢

與常人相比，士紳階層在政治、經濟、文化等方面擁有許多優勢，是一個讓社會底層豔羨的階層，但這個階層卻不是一個世襲階層，不能靠血緣、

〔註33〕〔明〕楊繼盛：《楊忠愍集》，卷3，《赴義前一夕遺囑》。
〔註34〕〔明〕龐尚鵬：《龐氏家訓》，《叢書集成新編》第33卷，第1頁。

門第、身份等來保持和存續，他們不進則退，而進的路徑就是子弟積極治學，走科舉士宦之路。當然，隨著科舉的相對公平性，社會底層子弟也可以通過科舉而榮升，爲保持本階層的優勢，士紳階層子弟不僅要積極向學，還需要積極修身進德，修身一方面是爲了完成儒家修齊治平的人生規劃，另一方面也是士紳階層保持本階層優勢的一種選擇。也許掌握技巧後，科舉考試能使人一夜成名，能夠速成，但優雅的談吐、得體的舉止，卻不能一蹴而就，它需要長期的修煉，而正是這種非速成性特點才能拉大士紳階層和普通民眾的區別，所以，士紳階層爲了保持階層特色，在家訓中諄諄教導子弟。如果說社會底層的子弟走科舉之路更大程度是爲了謀生，改變處境，那麼，士紳階層的子弟卻在更大程度上是爲了保身，保持身家於不墜。如果我們把社會底層子弟走科舉之路比喻爲打天下的話，士紳階層敦促子弟的訓誡卻是爲了保天下，打天下誠然困難，保天下更加不易。因爲一旦不保，他們就立即脫離士紳階層而墜入社會底層——這是明清士紳最不願發生在自己家庭子弟身上的事情，因此他們在家訓中普遍論及修身問題。

其次，明清士紳訓女思想也表現出其維護士紳階層所做的努力。明清士紳在家訓中遵循傳統思想對女性的規範——「三從四德」，其中的「三從」和「四德」中的「言」、「容」不能區分開士紳階層女性和底層女性。但是，「四德」中的「德」和「功」卻將她們區別開來。雖然明清時期，整個社會都要求禮別男女，防嫌內外，女性居於內，表現出內斂的特點，但這些約束卻並不太適合普通人家，不太適合社會底層家庭，因爲這些規定只有在有閒、有錢、有足夠的空間人家才能實現，而這些不正是士紳階層以上的家庭才能做到嗎？社會底層人家的女性要爲生活操勞，沒有足夠的空間分別開男女，當生計問題成爲首要問題時，任何其它事情都不會受到太多的關注。對女性內斂的規定，也只有當女性自覺遵守，將其內化爲個體自覺行爲時，才更容易發揮作用，士紳階層女性大多受過傳統禮教的薰陶，長期的耳濡目染，她們已將其內化爲個體自覺行爲，禮別男女、防嫌內外的要求，只有士紳及其以上階層能夠做到，這因此成爲士紳階層有別於社會下層的又一個標誌。

婦功中對於母親教導子弟的特別要求，也同樣彰顯出士紳的階層優勢。如果說士紳家庭的母親更多的是要求其擔當教育子弟的重任的話，那麼，社會底層的母親則更多的是要求其擔當起養育子弟的責任，對這樣的家庭來說，生存都還存在問題呢！又怎能奢談其它？加之，社會下層女性，大多沒

有文化，也不能擔當起教育子女的責任。反過來說，對於士紳家庭的母親教導子弟的訓誡，正好又彰顯了士紳的階層特色。

總之，我們從明清士紳家訓中有關修身、禮別男女、防嫌內外、母親教導子弟重要性等方面的規定來看，都顯示出士紳階層的階層特色，顯示出明清士紳家訓的士紳階層化優勢。

（三）體例特點

士紳階層是社會的精英階層，擁有文化資本是他們的顯著優勢，他們希望將這一優勢傳諸子孫後代。雖然家訓作者本人及其子女均有一定的識字水平，此類家庭中的女子雖耳濡目染也能夠識別一定的漢字，但由於當時即便是士紳家庭對女子教育仍然有不系統性和隨機性特點，使得女子在整個士紳家庭中的文化水平相對較低。那麼，針對擁有不同文化水平的男子和女子，明清士紳家訓體例是否相同？他們的家訓創作以何種文體傳世？由於家訓作者的文化背景千差萬別，具體到各個家訓的體例也各有千秋。我們將收集到的相關家訓著述作一分析表，以一覽明清士紳家訓文體特點。

明清士紳家訓體例一般包括詩歌體、紀傳體、訓誡體及訓誡和紀傳體例並存等四種文體。詩歌體是指家訓以四言、五言、七言等韻文的形式，用通俗易懂的方式表現出來，針對初學者或識字不多者，篇幅不長，讀來朗朗上口，可起到言簡意賅、好讀易記的直觀效果。訓誡體是直接以文字告誡，以表明家訓作者勸諭告誡之意。其特點是文章可長可短，說理透徹，對受訓者起到直白的訓誡之效，但要求受訓對象要具有一定的文化修養，對其知識水平要求較高。紀傳體模仿漢朝劉向所著《列女傳》，記述一人或多人事跡，先敘述收錄人物言行，再對收錄人物言行進行簡單評價，這樣對於故事的眞實感和文章的說服力能起到較強的渲染效果；本來，《列女傳》收錄的人物對象有好有劣，以便對後人起到激賞和懲戒的雙重效果，但後來的家訓作者變更其著述特點，僅僅對其欣賞的對象立傳，摒棄對所謂的反面人物立傳的內容，變成了單一的烈女傳。訓誡與紀傳混合型體例，一方面在書中輯錄先哲嘉言，另一方面在書中附錄有歷朝賢妃及貞烈孝婦的善行，並在傳後略加評論，既感悟讀者，又激起讀者模仿之心。

爲了使我們收集的眾多家訓在羅列時給人以清晰明瞭一目了然的感覺，我們將針對男子和針對女子的家訓分別列表，其中既有訓男內容又有訓女內容的家訓，在兩個表格中，將都予以顯示。

表 6-1　明清士紳訓男家訓文體

作者	朝代	家訓名稱	紀傳體	訓誡體	詩歌體	紀傳和訓誡混合體
葉瞻山	明	家訓		✓		
金敞	明	家訓紀要		✓		
張鵬翼	明	孝傳第一書		✓		
李雍熙	明	孝行庸言		✓		
魏禧	清	示兒燕		✓		
		示兒輩		✓		
魏際瑞	清	示子		✓		
朱伯廬	清	治家格言		✓		
顧天朗	清	日省錄		✓		
黎士宏	清	示諸弟兩兒		✓		
蔣伊	清	蔣氏家訓		✓		
汪璲	清	示兒		✓		
陸隴其	清	示大兒定徵		✓		
		示三兒宸徵		✓		
涂天相	清	靜用堂家訓		✓		
魏世儼	清	寄兄弟書		✓		
孫啓遇	清	仲氏家訓		✓		
湯準	清	家訓		✓		
蔡世遠	清	庚子秋示族中子弟		✓		
		壬子九月寄示長兒		✓		
石成金	清	傳家寶		✓		
湯斌	清	志學會約略		✓		
李文耕	清	孝悌錄		✓		
黃岩江	清	孝悌續錄		✓		
黃標	明	庭書頻說		✓		
李應升	明	誡子書		✓		
		官西臺寄季弟		✓		
		亡前一日手書誡子		✓		

呂維祺	明	敬愛書		✓		
		諭子十則		✓		
高攀龍	明	家訓				
顧憲成	明	示淳兒帖		✓		
呂坤	明	九兒入學面語誡之		✓		
		孝睦房訓辭		✓		
		爲善說示諸兒		✓		
		示兒詩			✓	
彭端吾	明	彭氏家訓		✓		
袁黃	明	訓子語		✓		
曹于汴	明	睦族善俗說		✓		
楊繼盛	明	諭應尾應箕兩兒		✓		
李廷機	明	晉江李文節公家訓		✓		
張岳	明	還鄉事略付宓		✓		
沈鯉	明	垂涕衷言		✓		
羅倫	明	戒族人書		✓		
馬中錫	明	示師言		✓		
王守仁	明	示憲兒			✓	
		贛州書示四侄正思等		✓		
鄭濂	明	鄭氏家範		✓		
閔子奇	清	洗心齋纂古		✓		
林定徵	清	庭訓示愈高文山		✓		
顧三英	清	居家格言		✓		
馬士濟	清	務本齋格言選		✓		
车允中	清	庸行編		✓		
梁顯祖	清	教家編		✓		
黎士宏	清	示諸弟兩兒		✓		
王心敬	清	豐川家訓		✓		
方元亮	清	家訓		✓		
蔡衍鎤	清	亦政編		✓		
江青	清	孝悌錄		✓		
王厚	清	訓升驚二子		✓		
景暹	清	景氏家訓		✓		

薛瑄	明	示兒		✓		
		示子			✓	
		示京子			✓	
		誡子書		✓		
		示昌子			✓	
傅山	清	霜紅龕家訓		✓		
汪惟憲	清	寒燈絮語		✓		
焦循	清	里堂家訓		✓		
譚獻	清	復堂諭子書		✓		
沈赤然	清	寒夜叢談		✓		
鍾於序	清	宗規		✓		
張壽榮	清	成人篇		✓		
高拱京	清	高氏塾鐸		✓		
戴翊清	清	治家格言繹義		✓		
張廷玉	清	澄懷園語		✓		
陳確	清	家書		✓		
陳龍正	明	家矩		✓		
曹端	明	夜行燭、家規輯略		✓		
		續家訓，誡子孫		✓		
袁衷	明	庭幃雜錄		✓		
吳麟徵	明	家誡要言		✓		
姚舜牧	明	藥言		✓		
袁黃	明	訓子語		✓		
龐尚鵬	明	龐氏家訓		✓		
張英	清	恒產瑣言		✓		
		聰訓齋語		✓		
許汝霖	清	德星堂家訂		✓		
許相卿	明	許雲村貽謀		✓		
陳繼儒	明	安得長者言		✓		
		養親		✓		
方孝孺	明	家人箴，幼儀雜箴，四箴		✓		
		勉學詩			✓	

鄒元標	明	家訓		✓		
陳憲章	明	誡子弟		✓		
		示兒			✓	
曹于汴	明	示戒			✓	
任環	明	示爾孝等二首		✓		
		軍中寄子書		✓		
孫奇逢	清	孝友堂家訓		✓		
		孝友堂家規		✓		
		示子孫、夫婦箴			✓	
徐奮鵬	明	教家訣		✓		
徐禎稷	明	家訓		✓		
徐三重	明	明善全編、家則		✓		
史桂芳	明	與官壯宗人書		✓		
楊爵	明	家書		✓		
		勉仕男讀書		✓		
盧象升	明	寄訓子弟		✓		
于謙	明	示冕		✓		
沈煉	明	與長兒襄書		✓		
唐順之	明	與二弟書		✓		
萬斯同	清	與從子貞一書		✓		
尹會一	清	示啓銓		✓		
鄒元標	明	願學集		✓		
謝啓昆	明	訓子侄		✓		
李光地	清	摘韓子讀書訣課子弟		✓		
馮班	清	家戒		✓		
陸世儀	明	思辨錄		✓		
熊勉菴	清	寶善堂不費錢公德例		✓		
史摺臣	清	願體集		✓		
唐彪	清	人生必讀書		✓		
王朗川	清	言行彙纂		✓		
王中書	清	勸孝歌			✓	
魏象樞	清	庸言		✓		

程漢舒	清	程漢舒筆記		✓		
許雲村	明	許雲村貽謀四則		✓		
劉良臣	明	鳳川子克己示兒編		✓		
呂晚邨	明	呂晚邨先生家訓眞跡		✓		
汪輝祖	清	雙節堂庸訓		✓		
章學誠	清	家書		✓		
張居正	明	示季子懋修		✓		
海瑞	明	家書		✓		
孫之蔚	清	示兒燕		✓		
張履祥	清	訓子語、家書		✓		
唐甄	清	誨子		✓		
鄭板橋	清	板橋家書		✓		
瞿式耜	清	與子書		✓		
沈守正	清	示兒			✓	
朱舜水	清	與諸孫男書		✓		
蒲松齡	清	與諸侄書		✓		
湯斌	清	寄示兒溥		✓		

製表說明：本表係本文作者據相關文獻製成。

表6-2　明清士紳訓女家訓文體

家訓作者	朝代	家訓著述	紀傳體	訓誡體	詩歌體	紀傳和訓誡混合體
王相	清	女範捷錄				✓
呂德勝	明	女小兒語			✓	
王朗川	清	女訓約言				
呂坤	明	閨範				✓
		昏前翼		✓		
陳確	清	新婦譜補		✓		
陸圻	清	新婦譜		✓		
龐尚鵬	明	女誡			✓	
王孟祺	清	家訓御下篇		✓		
唐彪	清	人生必讀書		✓		
藍鼎元	清	女學		✓		

汪輝祖	清	雙節堂庸訓		✓	
賀瑞麟	清	女兒經			✓
徐士俊	清	婦德四箴		✓	
王綽	清	課婢約		✓	
查琪	清	新婦譜補		✓	

製表說明：本表係本文作者據相關文獻製成。

　　可以看出，訓男家訓體例僅有訓誡體和詩歌體兩種文體，其中又以訓誡體爲主，訓誡體說理透徹，說明家訓作者均希望通過此類體例的書寫，明白曉暢地表達其對子弟的勸諭之意，以起到立竿見影的效果。此外，詩歌體也是訓男家訓的又一種表現體例，但所佔比例不大，其中許多是作者在已有訓誡體家訓的同時，又有詩歌體，這種詩歌體實際上是對訓誡體的一種補充，或是對訓誡體的一種概括或提煉，以起到好讀易記而指導實際行動的效果。

　　訓女家訓的體例就比較多元化一些，既有訓誡體、詩歌體，也有紀傳體及紀傳與訓誡混合體。其中的訓誡體仍是各種體例中的主要體例，而這種體例對女性的知識水平要求較高，說明士紳階層中的女性在父兄的影響下，有些已擁有較高的知識修養，她們能夠領會相關家訓中的訓誡思想。另外，這些訓誡體家訓大多是針對士紳階層中的男性而展開的訓誡，其中的訓女思想只是隻言片語，不成系統，只是針對家庭中的男性訓誡時有感而發，所以，這類實際上不是系統的訓女家訓，既然主要針對男性而寫，而士紳階層中的男性子弟又具有較高的知識水平，這類既對男又對女的家訓，其體例自然就多以訓誡體爲主。如《龐氏家訓》、《藥言》、《寒夜叢談》、《里堂家訓》、《人生必讀書》等等。訓女家訓採用較多的另一種體例就是詩歌體，這類詩歌體和訓男家訓中的詩歌體例又有所不同，訓男家訓中的詩歌體例雖然押韻，大量引用典故，要求閱讀者要有較高的知識水平，才能領會其言簡意賅所蘊含的深意。如方孝孺所著《家人箴》、《幼儀雜箴》，薛瑄所著《示兒》、《示京子》、《示昌子》等均顯示出這一特色。

　　專門針對女子家訓中的詩歌體相對來說文字淺顯直白，通俗易懂，好讀好記，並不要求這類讀者有較高的知識修養即可讀懂，說明家訓作者對訓誡對象的瞭解及對訓誡文體駕輕就熟的把握能力。如龐尚鵬著《女誡》、呂德勝著《女小兒語》、賀瑞麟著《女兒經》等。此外，訓女家訓體例還有紀傳體及紀傳與訓誡混合體，這兩類體例均通過輯錄作者所激賞的歷史上和現實生活

中鮮活的女性，通過這些女性的嘉言善行來對家中女性起到訓誡目的，這樣，既加強了作者訓誡的效果，也更能夠激起家中女性的傚仿之心。這類訓誡體例適合有一定的識字能力，但知識修養又不高的女性，而士紳家庭中的女性除了少數來自具有家學淵源的家庭而有較高的文化修養外，大多數女子相較於男子來說，有著不太高的文化修養。她們在士紳文化家庭環境中耳濡目染，或多或少地學到一些文化知識，但由於她們大多既沒有進行過系統的學校學習，又很少有出門拜師訪友以增長學識的機會，這類女性雖有一定的識字水平，但文化修養又不高，這種紀傳體及紀傳體和訓誡體混合的體例，以講故事為主，間或穿插家訓作者的簡短評論，集趣味性與說理性於一體，正適合這類女性。

總的來說，明清士紳家訓針對不同對象，其寫作體例不盡相同，針對男性的家訓文體其文學韻味更強一些，需要閱讀者有更深的文化修養；針對女性讀者的知識水平不高的特點，相關家訓就要淺顯直白一些，因為「文話女兒不會聽」，「只為女兒容易曉，且把俗言當正經」，即使同為詩歌文體，訓男家訓中的詩歌體例和訓女家訓的詩歌體例同樣顯示出不同特點。這些特點均表明明清時期家訓體例的豐富多彩的特色。

（四）作者空間分佈特點

明清時期，各地文化發展水平參差不齊，對教育的重視程度自然也不盡相同，應該說，文化發達的地區，其教育的重視程度自然就高，這是我們在作家訓作者地域分佈特點的統計之前的一種預設，實際情況是否如此呢？我們通過下面表格來說明這一問題。

表 6-3　明清士紳地域分佈特點

作　者	朝　代	籍　　貫
金敞	清	江蘇常州
薛瑄	明	河津（今屬山西）
張鵬翼	明	西充（今屬四川）
李雍熙	明	濟南長山
魏禧	清	江西寧都
魏際瑞	清	江西寧都
朱伯廬	清	江蘇崑山

張履祥	清	浙江桐鄉
顧天朗	清	江蘇元和
黎士宏	清	福建長汀
馬世濟	清	陝西漢軍
蔣伊	清	江蘇常熟
汪璲	清	浙江新安
陸隴其	清	浙江平湖
涂天相	清	湖北孝感
魏世儼	清	江西寧都
孫奇遇	清	直隸榮城（今屬河北）
湯準	清	河南睢州
蔡世遠	清	福建漳浦
王心敬	清	陝西鄠縣
石成金	清	江蘇揚州
王厚	清	浙江寧波鄞縣
湯斌	清	河南睢州
李文耕	清	雲南
周順昌	明	江蘇吳縣
李應升	明	江州江陰
高攀龍	明	江蘇無錫
顧憲成	明	江蘇無錫
呂坤	明	河南寧陵
彭端吾	明	夏邑（今屬河南）
袁黃	明	浙江嘉善
楊繼盛	明	容城（今屬河北）
李廷機	明	福建晉江
張岳	明	廣東惠安
沈鯉	明	河南歸德
羅倫	明	江西吉安
馬中錫	明	河北故城
王守仁	明	浙江餘姚
鄭濂	明	浙江浦江

劉良臣	明	直隸
傅山	清	陽曲（今山西太原）
鍾於序	清	江蘇溧陽
汪惟憲	清	浙江仁和
焦循	清	江都屬揚州
譚獻	清	仁和今杭州
沈赤然	清	浙江仁和
張廷玉	清	安徽桐城
溫璜	明	浙江烏程
許雲村	明	浙江海寧
曹端	明	河南澠池
陸世儀	清	江蘇太倉
海瑞	明	海南
袁衷	明	浙江嘉善
吳麟徵	明	浙江海鹽
龐尚鵬	明	廣東南海
周怡	明	太平（今安徽當塗）
張英	清	江南桐城
許汝霖	清	浙江海寧
鄭板橋	清	江蘇揚州
陳確	清	浙江海寧
許相卿	明	浙江海鹽
陳繼儒	明	華亭（今上海松江）
方孝孺	明	浙江海寧
鄒元標	明	江西吉水
楊爵	明	陝西富平
汪輝祖	清	浙江紹興
陳憲章	明	廣東新會
李東陽	明	茶陵今屬湖南
蒲松齡	清	山東淄博
曹于汴	明	安邑（今山西夏縣）
孫奇逢	清	直隸容城（今屬河北）

呂維祺	明	河南新安
朱之瑜	明	浙江餘姚
姚舜牧	明	浙江烏程
徐禎稷	明	松江華亭
徐三重	明	松江華亭
屠隆	清	浙江鄞縣
張居正	明	湖北江陵
史桂芳	明	江西鄱陽
楊爵	明	陝西省富平
唐甄	清	江蘇常熟
王朗川	清	湖南湘陰
陳龍正	明	浙江嘉善
潘德輿	清	江蘇山陽（今揚州淮安）
李淦	清	江蘇揚州
魏象樞	清	山西
王筠	清	山東安丘
呂德勝	明	河南寧陵
王相	清	河南光山
陸圻	清	浙江錢塘
藍鼎元	清	福建漳浦
王孟祺	明	江西彭澤
史搢臣	清	江蘇揚州
盧象升	明	浙江宜興
任環	明	山西長治
唐彪	清	浙江
馮班	清	江蘇常熟

製表說明：此圖綜合表 6-1、表 6-2，由本文作者剔出其中籍貫不詳的家訓作者而
　　　　成。

　　我們將明清士紳家訓作者的分佈特色從全國的宏觀範圍、州府的中觀範
圍和家族的微觀範圍三個視角進行分析。

　　首先，從全國範圍來看，一是南方人數明顯多於北方，二是無論南方還
是北方都有人數明顯較集中的省份。明清時期士紳家訓作者主要集中在南

方，從我們抽樣調查的 100 份家訓作者分佈來看，南方人數達 72 人，約占總數的 74％，而北方僅有 25 人，約占總數的 26％，可見南方創作家訓的士紳人數之眾。

這種現象出現的原因之一是南方經濟的發展。自秦漢以來北方地區戰火不斷，戰亂的結果不但導致經濟的大蕭條，人口的銳減，而且使得北方許多人為躲避戰亂而南遷。這些南遷的移民許多是上層人士及文人學士、藝人、工匠等有一定文化和技術的人員，所以，北方戰亂導致的人口南遷不但在數量上改變著南方人口，而且在質量上也改變著南方人口的整體素質。與北方經濟大蕭條相對應的是南方經濟的長足開發，至少從北宋開始，經濟重心南移已成定局：「東南上游，財富攸出，乃國家仰足之源，而調度之所也。」〔註35〕南方經濟的起飛為士紳家訓創作打下了堅實的物質基礎。這一時期，江蘇、浙江、江西、福建、安徽等省開發都很快，到了明清時期，這些地區的經濟進一步發展。經濟的發展促進了文化的發達，蘇、浙、皖、閩、贛等都是全國文化教育最發達的省份，同時也是家訓作者的主要集中地，家訓作者占到全國總數的一半以上。

從地域分佈上來看，家訓作者中，其中浙江籍士紳達 25 人，占總數的 26％，江蘇籍士紳有 16 人，占總數的 16％，浙江、江蘇、松江籍士紳合計 44 人，占統計總數的 45％，有絕對的優勢，說明這些地方的士紳善於以書面形式寫出家訓，以訓誡家人，或者說這些地方的士紳更注重對家中子女進行家庭教育。而這些士紳又主要集中於江南一帶。〔註 36〕其次是江西福建兩省合計有 9 人，這與明清以來江南文化的高度發達若合符契，說明文化發達的地方，家長更重視家庭教育。也就是說，這些文化發達地區的家長深受發達的

〔註35〕〔宋〕包拯：《請令江淮發運史滿任》，《包拯集》，中華書局 1963 年版，第 47 頁。

〔註36〕按：關於「江南」的範圍，學界一直聚訟不已，莫衷一是。有從自然地理的範圍限定，有從政治地理的範圍限制，有從經濟地理的範圍限制，有從文化地理的範圍限制。雖然眾說紛紜，但自古代到明清時期，其範圍是由西到東、由大到小、由泛指到特指的變化趨勢。總的說來，這一詞語是一個涵蓋著經濟發達、文化領先、民眾心態相對統一的這一特色。（參見徐茂明：《江南士紳與江南社會》，商務印書館 2004 年版，第 12～13 頁）根據這一集經濟、文化、民風等特色於一體的概念，筆者將江南的範圍限定在比徐氏更廣的範圍上，大致包括明清時期江蘇省長江以南的應天（清代稱江寧）、鎮江、常州、蘇州、松江、太倉等府州，浙江省的杭州、嘉興、湖州、紹興、寧波等府郡及安徽省的皖南諸府郡。

文化帶來的種種益處，他們也希望其子弟繼續發揚這一文化優勢，使得家族繼續保持至少是在文化上的昌隆之勢。實際上，在傳統社會後期，擁有文化優勢，就獲得了通往上層社會的鑰匙，政治、經濟優勢也隨之來到，深受其利的士紳階層自然明白個中奧秘，所以，他們在家訓中反覆訓誡子弟。〔註37〕京城及其周圍的河南、河北、山東等省合計 13 人，這些京畿及其周圍地區士紳家訓的著述數量僅次於江南，說明深受京城特有的文化氛圍的影響，這一區域的士紳也比較重視家庭教育。京城既是國家的政治中心，也是經濟與文化中心，京城設備完善，信息靈通，制度健全，人才生長的環境極爲優越，教育受到了高度重視，所以，京城及其周圍地區士紳的家訓著述也比較豐厚，這一地區占到家訓著述的 13 ％。

　　一個地區重視教育的程度也與當地的傳統與社會習俗不無關係。這種觀念和習俗一旦形成，就輕易不會改變，它將以特有的慣性繼續前行。江南重視文教，有其歷史淵源，早在宋代，就有「東南之俗好文」之說，〔註38〕自魏晉直到五代南宋以來，江蘇、浙江、江西等省是世家大族的避亂遷入之地。經濟的富裕，使得這裡藏書豐富，書院學校遍地，藏書刻書之風盛行，教育的重視促進了文化的發展，而文化的發展又反過來刺激了教育的進一步發展，經濟與文化既相互影響又相互制約。重視教育自然也就會重視家庭教育，所以，這一地區士紳將其重視家庭教育的方式訴諸筆端，形成了豐富的家訓著述。

　　其次，從中觀範圍來看，明清士紳家訓的創作群體又集中在少數幾個州府，江蘇、浙江兩省最爲明顯。而這兩省又集中在蘇州府、松江府、常州府、杭州府、揚州府、嘉興府、紹興府等州府，即長江三角洲和杭州灣地區，此外，安徽安慶府的桐城地區也是家訓作者集中地區，這些地區屬於我們所涵蓋的江南地區。其它各省因人數本來就少，分佈也比較分散。

　　江南地區士紳家訓著作豐富，在全國佔有絕對優勢，也與這一地區地處長江下游和沿海富庶地區，生產發達，實力雄厚，爲教育的成長提供了良好的經濟基礎有關。自宋元以來，江南地區就以其經濟的富庶而雄霸全國。顧炎武在《日知錄》中評論說：「韓愈謂賦出天下，而江南居十九，以今觀之，

〔註37〕按：這一現象與學術界研究的明清時期江浙閩贛的進士數和狀元數居全國首位不謀而合。見韓茂莉、胡兆量：《中國古代狀元分佈的文化背景》，《地理學報》，1998 年，第 6 期。

〔註38〕蕭華忠：《略論宋代人才的區域分佈》，《晉陽學刊》1987 年第 6 期。

浙西又居江南之十九，而蘇松常嘉湖五府，又居兩浙之十九也。」〔註 39〕經濟發達，教育投入隨之增多，或者說，經濟與教育的發展是正相關的關係，經濟發達地區，人們自然重視包括家庭教育在內的教育。

對於教育的重視，還與當地的民風好文尚學不無關係，江南多是習文好學之地。如紹興府，「以舟楫為車馬，民性敏柔而慧，食物常足，不以奢侈華麗為事，士好學篤志，敦師擇友。」〔註 40〕如寧波府，「人雜五方，俗類京口，衣冠文物甲於東南諸郡，詩書之多，盛於一方」〔註 41〕；如杭州府，「以德行、文學、事功、風節顯者，代不乏人。」〔註 42〕如松江府，「負海枕江、水環山拱，自成一都會。民生其間，多秀而敏，其習尚亦各有所宗，以至田野小民皆知以教子孫讀書為事。」〔註 43〕江南各地勤於詩書，習文好儒，成為民間普遍的好尚。在良好的崇學重教文化氛圍中，江南士紳不但自己走上了求學之路，而且不但勉勵子弟孜孜向學。

自宋代以來，全國經濟文化重心南移，江南各省份成為全國財富的聚集地，也逐漸成為全國人才的淵藪，這種現象的出現歸結到文化方面，自然是與當地士紳高度重視教育不無關係，而家庭教育又是教育不可或缺的重要組成部份。北方省份只有直隸、河南等少數省份士紳注重家庭教育，這些省份又地處京城及其附近。從我們收集的情況來看，「唯楚有才」的湖南、湖北的士紳家訓卻相對比較稀少。

第三，此時家訓作者還出現了家族群體創作家訓以教導子孫的現象，顯示出家訓的血緣性特徵。說明這一時期這些家庭對家訓的整體重視，或者說他們從中領略到了家訓所發揮的重要意義，而子繼父業或兄弟聯袂創作。如孫奇遇、孫奇逢兄弟，魏際瑞、魏禧兄弟；呂德勝、呂坤父子，張英、張廷玉父子等，均表現出這一時期家訓創作的家族群體特徵。

顯然，無論從全國的宏觀範圍和州府的中觀範圍的視角來分析明清士紳家訓作者群體，南方都佔有絕對優勢，尤其是江浙一帶，強大的經濟、文化實力為眾多家訓作者群體的產生提供了良好的物質基礎和精神準備。

〔註39〕 〔清〕顧炎武：《日知錄》卷 10，影印文淵閣四庫全書本。
〔註40〕 《明一統志》卷 45，影印文淵閣四庫全書本。
〔註41〕 《浙江通志》卷 99，影印文淵閣四庫全書本。
〔註42〕 《浙江通志》卷 99，影印文淵閣四庫全書本。
〔註43〕 《江南通志》卷 19，影印文淵閣四庫全書本。

二、明清士紳家訓的現代啓示

　　把一個生物個體的「人」轉變爲一個社會化的「人」，教育是其中一個重要的環節，這些教育包含家庭教育、學校教育、社會教育，三者缺一不可，它們相互影響、相互制約，共同作用於受教育個體，其中家庭教育是這一系列教育工程中的基礎與肇始。家庭是孩子的第一個學校，父母是孩子的第一任老師，家庭教育是孩子接受的起始教育，通過家庭教育，孩子習得各種基本的技能、常識、知識，獲得各種綜合能力，最終成爲一個社會化的人。

　　在傳統社會，家庭具有各種功能，是一個集生產、生活、消費、教育等物質和精神文化於一體的多功能集合體。當今，隨著家庭結構由主幹家庭向核心家庭轉變，家庭的功能在漸趨減少，但其所承擔的教育功能卻並未減弱，家庭教育和社會教育、學校教育一起，成爲子女接受教育必不可少的組成部份。家庭是子女一生接受教育的開始和搖籃，父母是孩子的啓蒙老師，孩子在幼年所受到的影響往往會伴隨他終生，甚至決定他未來。家庭教育的功能在當今家庭中仍然受到極大的重視。

　　明清士紳家訓文化和其它家訓文化一樣，是中國傳統文化的重要組成部份，明清士紳家訓所處的特定的時空環境，決定了明清士紳家訓在繼承傳統家訓文化的基礎上，開出了具有明清士紳特色的家訓奇葩。

　　明清士紳家訓與明清特定的政治、經濟、文化相適應，是傳統的產物，是特定時代的產物，其與當今社會自然不可能完全融合，明清士紳作爲社會的既得利益者，其家訓思想的主旨仍然是維護封建綱常禮教，是傳統社會理論道德的延續和發展，如他們遵從男尊女卑、三從四德、男外女內，他們恪守「三綱五常」等傳統倫理規範，這些對當今的家庭建設、國家發展、社會進步是無益甚至有害的。

　　雖然明清士紳家訓中不乏有許多封建性、宗法性、保守性等落後思想，這些思想隨著傳統社會的終結理應遭到摒棄，但是剔出其中許多不合理因素，探尋其合理成分，以達到古爲今用，仍有其必要性。如明清士紳強調，家庭成員之間要各守其道，各盡其責，以做到父慈子孝、兄友弟恭、夫婦和順。推而廣之，鄰里之間要和睦相處，愛命惜物。子女個人要修身治學，勤奮刻苦，勤勞節儉，既要立志奮發進取又須恬淡不爲物役，保持一顆平常心。爲人處世方面要本著與人爲善、成人之好、保家愛國之心，盡自己應盡的義務，以達到修己成人、民安國泰的效果。所有這些內容都可以轉化爲現代家

庭教育中的有益成分，爲現代家庭教育服務。成爲培養現代健全人格的重要
文化資源。

　　當然這些只是明清士紳家訓賦予我們最基本的文化財富，明清士紳家訓
中尚有深層文化內涵需要我們挖掘，以推動當今家庭教育乃至學校教育、社
會教育的發展。我國傳統家訓經久不衰，反而歷久益醇，顯示其存在的合理
性，明清士紳家訓作爲傳統家訓的重要組成部份，凝結了我國最突出的優良
傳統，對明清士紳家庭乃至整個社會起著很好的規範與導向作用。今天，挖
掘其合理成分，指導今人，爲當務之急。我們通過對明清士紳家訓進行整理，
目的之一，就是古爲今用，用以指導我們今天的家庭教育。所以，在梳理明
清士紳家訓的基本思想後，理應探討其現代價值及其啓示。

（一）家庭教育要富含人文精神

　　家庭教育的一個突出特點是具有血緣關係的長輩對子女的諄諄教導，其
所獨有的血緣性及親情性使得家庭教育具有其它教育所無可比擬的優越性及
必不可少性。血緣親情一直是家庭教育中連接教育者和受教育者的紐帶，家
庭教育這一血緣特殊性，有利於在家庭教育中貫徹人文精神，家長通過言傳
身教，使子弟近距離地模仿學習長者敬老愛幼、和親睦鄰、團結友愛等富有
人文精神的教育內容，以及在家庭教育中實施人文教育的方式方法。

　　所謂人文精神是指：「人之爲人的基本原則。人文精神，首先意味著一種
爲了人、關注人、理解人的思想情懷。人文精神體現了人類文化創造的價值
和理想，是指向人的主體生命層面的終極關懷，這種關懷的內容展開則是：
對生命及個人獨特價值的尊重、對民族文化優秀傳統的關懷、對人的整體性
的認同、對不同觀念的寬容、對群體合作生活的眞誠態度等等。」〔註44〕

　　今天，隨著全球化、信息化、科技化等浪潮的不斷湧現，當代教育面臨
種種嚴峻挑戰，人類道德的衰退、生態環境的惡化，不斷威脅著人類的生存
與發展，在物質條件豐富的同時，人類精神的空虛卻像瘋長的野草，在不斷
地啃噬著人類的心靈。人類在盡情享受物質所帶來快感的同時，人們對人生
基本價值的追求和生活意義的探尋卻也因此減弱甚至喪失。人與人之間變得
不夠信任、不夠親密、不夠友好，個人主義四處泛濫。而明清士紳家訓中有

〔註44〕鄔廣文：《時代精神與大學理念》，《遼寧工學院學報》（社會科學版），2004
　　年第 5 期。

關人我關係、群己關係的闡釋，無疑是解決這一問題的一劑良藥，給我們帶來許多有益的經驗。明清士紳家訓強調在家父慈子孝、兄弟友愛、夫婦和順、鄰里和睦，推而廣之，在外朋友有信，善待他人，仁民愛物，形成人我、群己之間的和諧關係。他們這種「對家庭的責任感、義務感擴展開來的「民胞物與」的對社會、對自然的責任感、義務感，轉化爲普遍的工作行爲、生活行爲，從而形成儒家文化生活方式中的基本動力和秩序，並從中獲得生活的意義和實現人生的價值。」〔註45〕

受儒家文化的濡染，明清士紳在家訓中，將子弟這樣的個體鎖定在家國交織的倫理網結中，使他們在上下、內外、家國等倫理關係中，以修身齊家爲依託，以治國平天下爲終極目標，形成這樣一種連帶的價值實現體系，在這種連帶的人生發展軌跡中，「個體的價值和生活意義只有在履行對家庭、社會、他人乃至自然的責任和義務中才能實現。」〔註46〕它啓示今人，在享受權利的同時，不要忘記應盡的義務。

家庭教育中的人文關懷在要求子女學習人文精神的同時，也要求家長同樣用人文原則指導自己所從事的家庭教育。這一原則要求把人放在第一位，以人作爲教育的出發點和歸宿，教育要順應人的秉賦，提升人的潛能，完整而全面地關注人的發展，家長雖然是子女的指引者、管理者、幫助者，但家長和子女之間從人格上來說，應該是平等的，在這一內容上，明清士紳家訓給我們更多的是教訓。他們強調「天下無不是的父母」，主張子女對父母一味順從，而少有互動，反映出濃鬱的封建家長制作風。明清士紳在對子女進行家庭教育時，雖然也有部份家長反對打罵子弟，反對棍棒教育，但在特定的父權制及家長制文化影響下，明清士紳在家庭教育中存在著威嚴有餘而親和不足，等級森嚴而民主欠缺，這樣往往使得子弟的興趣被忽略，個性被壓抑，其結果是培養出順從、無主見的一代「新」人。

家長應尊重子女個性，家長和子女之間應形成一種民主、平等和諧互助的互動關係。過去的封建家長制的傳統應該摒棄，家長不應該高高在上，對子女不能盛氣凌人、頤指氣使，家長應該寬容、理解、善待子女。今天，如果家庭教育不能夠突破這一教育怪圈，面對創新性、個性化社會要求的激烈

〔註45〕崔大華：《儒學引論》，人民出版社2001年版，第851頁。
〔註46〕周全德：《中原傳統倫理道德的現代價值》，《學習論壇》，2006年第12期。

社會競爭，這種「新」人將無法生存。

（二）家庭教育要注重人格養成和知識習得的協調關係

人格一詞，來源於拉丁語「persona」一詞，是面具的意思，它是個體用來向社會顯露自己。換句話說，向世界顯示的就是我們的人格，是人的社會自我。〔註47〕

心理學意義上的人格是指一個人受到家庭、學校、社會等環境因素的影響而逐步形成的氣質、能力、興趣、愛好、習慣、性格等較爲穩定的心理特徵的總和。從理論上看，個體品質可分爲三個層次，第一層次爲個體的人格品質，諸如自信心、上進心、勇敢和毅力等，這些品質是個人成就和幸福生活的基本的主觀條件。對於這些品質，可以通過人格教育來培養。第二個層次是社會道德和法律品質，諸如關心集體、工作責任心、遵紀守法等，這些品質有利於社會的協調發展，社會中的每一個成員都應該具備這些品質。第三個層次是思想政治品質，諸如世界觀、人生觀、愛黨愛國等。心理學專家一致認爲，人的專門知識的欠缺並不一定影響他的一生，而人格上的缺陷則將貽害他一輩子。由此看來，人格養成教育，既包括品德培養，也包括心理學上的情商的培養。

擁有知識，是明清士紳顯著的文化符碼，既是他們自身身份的標誌之一，也是他們用以教育子弟的資源。父母的文化水平與家庭教育有一定的相關性，擁有知識者對家庭教育都相當重視，他們重視開發子女的智力，積極挖掘孩子的潛能，講究家庭教育策略，注重家庭教育方法，這些都表明父母素質的高低與家庭教育呈正相關。但是，人才成長的規律提示我們：孩子學好科學文化知識，關鍵在於子女的心理品質、學習能力和主觀能動性。〔註 48〕這實際上就是心理學上的人格所包含的內容。父母有深厚的文化底蘊，固然有利於教育孩子成才，但父母的知識不能代替孩子的學習，最重要的是要子女個人的主觀努力，俗話說，「授之魚，不如授之以漁」，對於父母來說，給子女傳授知識就不如傳授他們獲得知識的正確方法，鼓勵其樹立遠大的理想，培養其爲實現理想而應有的堅強意志，樹立其自信心，培養其良好的行

〔註47〕〔美〕B・R・郝根法：《現代人格心理學歷史導引》，文一等編譯，河北人民出版社 1988 年版，第 1 頁。

〔註48〕蘇樹華：《一個不可缺失的教育問題 —— 兒童人文精神的培養》，《教育科學研究》2002 年第 10 期。

爲習慣，使他們認識到，只有樹立遠大志向、勤奮學習、努力進取，勝不驕，敗不餒，不爲一時之得而喜，也不爲一時之失而憂，才能成爲社會有用的人才。

　　明清士紳家訓中的修身教育實際上已將以上大多內容涵蓋進去，我們對其適應時代發展地進行揚棄，是大大有利於當今家庭教育的借鑒的。他們告誡子弟要從小注意進德做人、讀書應與修身相結合，讀書要重視方法與技巧，並注意養成良好行爲習慣；積極奮鬥、努力進取，但要淡泊名利，擁有一顆平常心，寵辱不驚；追求仁、智、勇，崇尚立德、立言、立功之「三不朽」，但同時要有恬淡、閒適的心理素質，是進亦無驕，退亦無憂；無論是處廟堂之高還是江湖之遠，都要心存君民，愛國恤民。明清士紳這些訓誡對於培養子弟具有堅韌不拔的毅力、努力進取的精神、誠實守信的品格及高尚的道德情操、健全的人格，都曾起到積極的重要作用。

　　明清士紳的家訓啓示我們，要想培養子女具有健全的人格，家長至少必須要做到以下兩點：一是注意品德教育，二是注意心理素質訓練。

　　一個人要想獲得全面發展，必須德才兼備，他不僅要有健全的知識結構，更需要有高尚的道德人格。德才兼備強調德、才是衡量人才的重要標準，德、才二者缺一不可，缺少德行和才能都不利於人才的全面發展。誠然，明清士紳強調德、才的相互依賴與相互促進，應該全面發展，但如果一定要區分出高下的話，則品德的修煉毫無疑問是居於優先地位、首要位置，強調做人比成才更重要，品德的培養應首當其衝，是德首才輔的，而非德才平分秋色，他們強調成人更重於成才。

　　我們生活的當今時代是一個知識爆炸的時代，知識不僅成爲社會文明的標誌，而且成爲推動社會發展的第一生產力，每個家庭都將子女智力開發作爲家庭建設的重點投資項目。在社會競爭殘酷的現實面前，孩子學習的優劣成爲家長最關心的事情，優勝劣汰，適者生存的生存規則本無可厚非，但是，許多家長都對子女有過高的期望，他們在教育子女時，存在思想偏差，重智輕德、望子成龍、望女成鳳心切，他們投入巨大代價進行智力投資，只重視智力開發，而忽視品德培養，對於子女的爲人處世方面的倫理道德教育、社會公德教育、勤勞節儉教育、愛國主義教育、尊老愛幼教育等卻置之不理，家長的這一做法，無疑會造成教育價值觀的不平衡。其結果是培養出一大批高分低能、高智商低情商、發展不健全的孩子，只重視孩子的學習教育，而

忽視道德教育、情感教育、思想品德教育，既不利於孩子的全面發展，最終也會對孩子的智力發展造成不利影響。

家長應考慮到在對孩子進行智力開發的成才教育之前，首先要對孩子進行成人教育，要想成才，先須成人，要把孩子培養成一個能夠明辨是非、善惡、美醜的人，使他們形成正確的世界觀、人生觀和價值觀。所以，不能單方面地強調智力教育，而要堅持智育與德育並重的原則，力求成才與成人的高度統一，唯其如此，才能培養出身心健康、心理健全、智力上乘的優良後代。

長期以來，當代家庭教育都比較忽視對人格的培養和訓練。重智輕德，重文化學習、輕人格養成，現代家庭教育幾乎被家長們簡化爲知識教育，「家庭教育學校化」，家長熱衷於給孩子提供有利於知識學習的各種活動，諸如訂閱購買各種複習資料、參考書及知識性讀物，忽視孩子的自我控制能力、交際能力、克服挫折能力、適應社會能力、以及道德和法律意識的培養。不注意孩子整體素質的提高，只爲孩子的學習問題而擔心，不爲孩子的不良習慣和能力缺陷而煩惱。這些都是當前家庭教育普遍存在的一種教育傾向，這與科學的家庭教育存在很大偏差。其結果是，培養出來的子女，出現高分數、低能力現象，缺乏團結互助的精神和勤勞勇敢的精神，自尊心強而自律性差，獨立能力強而協作能力差，善於獨處而不善於協調人際關係，個人主義觀念強而集體主義觀念薄弱，以自我爲出發點而很少考慮他人利益，經不起打擊與挫折，諸如此類，都影響著他們健全人格和優良人性的形成。誠然，現代教育確實需要重視子弟智慧的培養，但單方面強調智慧培養，會出現人格塑造和全面素質訓練的缺陷，難以實現人的全面發展，甚至會導致人的畸形發展，使培養的人才「高素質，低素養」，這與社會所需求的人才要求錯位。長此以往，孩子逐漸被塑造成人格不健全的人和能力缺乏的人。

我們在強調品德培養的同時，還應注意培養子女健全的心理素質。現代家庭多是獨生子女，他們往往容易養成自私、自大、妒嫉、孤僻、說謊等不良心理行爲傾向，若不及時糾正，就會直接影響到他們的人格健康發展。從消極方面看，心理素質訓練有助於糾正子女存在的某些不良心理與行爲傾向。從積極方面看，心理素質訓練有助於子女良好人格品質的形成與發展，未走向社會的子女，知識經驗不足，生理和心理未臻成熟，而又有旺盛的求知欲和巨大的發展潛力，要把這些巨大的發展潛力挖掘出來，個體需要有良

好的人格品質。據研究表明，好奇心、求知欲、上進心、恒心、毅力、刻苦勤奮等非智力因素或人格特徵對於智力發展有很好的促進作用。明清士紳家訓中對於子女的教育，就非常重視人格的養成教育，他們提出做人高於一切，人格養成教育通過培養子女良好的態度、動機和人格特徵而間接地促進子女知識技能的獲得和智力的發展，並最大限度地促進子女發展潛力的發揮。

我們要借鑒明清士紳家訓中關於人格養成的一系列成功經驗，用其中的精華部份去陶冶獨生子女的心靈和情操，以培養他們良好的行爲習慣、拓寬他們的興趣愛好、樹立他們的自信心、上進心，培養他們勇敢、果斷的精神，並引導子女將它們轉化爲普遍的生活行爲、工作行爲，使他們從中獲得生活的意義和實現人生的價值，最終形成正確的人生觀、世界觀。

是否能夠培養出具有健全人格的子弟，需要家長要具有比較健全的人格。因爲家庭教育的主體是人，是由家庭成員構成的人的主體，家庭中的長者是家庭教育的主導者，家庭教育怎樣進行，家庭教育環境如何，他們擔當著重要作用，家長自身素質是家庭教育的一個重要因素，是關係著家庭教育成敗的關鍵。當然，家長的素質不僅包括文化素養，還包括教育素養，父母的文化水平的高度與家庭教育水平成正相關。和其它時空環境一樣，明清士紳家訓中的家庭教育主導者同樣包括父祖、兄長，但是，明清士紳此時已深刻認識到母親在家庭教育中的重要地位，畢竟在父祖、兄長角色缺席的情況下，要想繼續保持家道昌隆，家風永續，爲母者就必須擔當起教育子弟、督促子弟向學的責任。所以，明清士紳在家訓中強調，選擇媳婦首當其衝的要求是要知書達理，出身於書香門第，這樣的媳婦嫁入夫家後，她們一方面在德行上無可厚非，自然會尊老愛幼，和親睦鄰；另一方面能夠及時擔當起教育後代的責任。

明清士紳重視母親在家庭教育中的積極作用，期望女子掌握一定的文化知識，以適應士紳家庭母親教育子弟的角色，家庭教育的成功與否，在很大程度上取決於父母素質的高低，父母個人文化素質和品德修養不但會通過遺傳的方式傳給下一代，而且在平時發揮著潛移默化潤物無聲的作用，所以家長都要加強學習，不斷提高自身文化素質和品德修養，要培養出綜合素質高的全能型人才，成爲對家庭、社會、國家有益的人。

（三）家庭教育要注意培養和諧平等的家庭人際關係

家庭是一個人生命的發源地，也是一個人一生幸福的源泉，人倫親情是

人世間最美好的感情。家庭成員之間是否和睦，關係到家庭的興衰成敗，所以，重視家庭的和睦是明清士紳家訓中的重要內容，而家庭是否和睦，又主要是看各種家庭關係如何發展。

家庭人際關係是本著經濟和血緣、親緣的因素形成的。伏爾泰說，不幸的家庭各有各的不幸，幸福的家庭都是相似的。這個「相似」之處，應該包括家庭成員之間的和睦相處。確實，要想使家庭幸福，其中最主要的一點就是家庭成員之間要和睦相處，家和才能萬事興，惟有家庭和睦才能家業興旺、國家昌盛：「家門和順，雖饔飧不繼，亦有餘歡。」〔註 49〕

明清時期，士紳家訓中提到的主要家庭關係包括：夫妻關係、父子關係、婆媳關係、兄弟關係、姑嫂關係、妯娌關係等。在眾多的家庭人際關係中，這些家庭關係也可以簡化為夫妻關係、長幼關係、兄弟關係〔註 50〕等基本的家庭人際關係，只不過由於現在核心家庭〔註 51〕的日益增多，這些基本的家庭關係不一定在每個家庭中都同時存在，但是，只要存在家庭，整個社會就會存在這些最基本的家庭人際關係。尤其是夫妻關係、長幼關係是任何家庭中都存在的基本人際關係。明清士紳家訓所設計的理想家庭人際關係是父慈子孝，兄友弟恭、夫婦和順。這一模式由當時社會環境所決定，對於和諧家庭關係，推動當時社會進步，穩定社會秩序，起到了重要作用，而對於我們把握今天的家庭倫理關係，建立新的家庭倫理關係和道德秩序也起到很好的參考與借鑒作用。

家庭人際關係的建立是基於婚姻的產生，基於夫妻關係的確立。「自婚姻產生以來的數千年間中，如果說家庭是社會的細胞，那麼，由婚姻結合而成的夫妻則是細胞的細胞核。一個家庭的狀況如何，能否和睦，能否興旺發達，能否與其它家庭相處的好，能否在社會中發揮好的作用，都與家庭中的婚姻狀況好壞有密切關係。」〔註 52〕男女結婚就組成家庭，家庭是婚姻的結果，夫妻關係是家庭中一切關係的基礎，夫妻關係的好壞，直接關係到家庭的幸

〔註 49〕 〔清〕朱伯廬：《治家格言》，《叢書集成續編》第 60 卷，第 611 頁。
〔註 50〕 按：其中婆媳關係、父子關係均可涵蓋於長幼關係中，妯娌關係、姐妹關係、姑嫂關係均可涵蓋於兄弟關係中。
〔註 51〕 按：家庭結構大致可分為：1.核心家庭：由父母及其未婚子女構成的家庭，2.主幹家庭：由兩代或兩代以上夫妻組成，每代不超過一對夫妻，且中間無斷代的家庭；3.聯閨家庭：是指家庭中任何一代含有兩代以上夫妻的家庭。
〔註 52〕 蕭群忠：《孝與中國文化》，第 355 頁。

福和社會的安寧。

　　由於受到特定文化氛圍的制約，明清時期的夫妻關係更多的表現出一種等級性，爲妻者單方面盡義務，而爲夫者則單方面享受權利，是在「夫爲妻綱」和「妻從夫」的倫理制約下的不平等夫妻關係，妻子在經濟、人格等方面都沒有自主性可言，明清士紳家庭表面上的「和睦」是建立在女性權利被忽略、被踐踏的基礎上。這種「和睦」理應被摒棄。

　　從婚姻關係的締結來看，一如傳統社會的其它時期一樣，明清士紳的家庭婚姻與今天的婚姻相比，一個更注重理，一個更注重情，這裡的「理」既包括理性也包括倫理。傳統婚姻締結的原則是由父母之命和媒妁之言說合而成，理大於情，夫妻之間更多地是被理拴在一起；而當今婚姻締結的原則是重情，夫妻之間更多的是被感情聚合於一起，無論是哪一種，都有其弊端，一個是理有餘而情不足，一個是情有餘而理不足，兩種婚姻締結的紐帶都易斷不牢，偏重理的傳統婚姻，容易陷入一潭死水而了無生機，偏重感情的現代婚姻則易於因藉口感情的喪失而使家庭解散，無論那種結果，都對家庭的和睦帶來極大的不利影響。所以，怎樣在情和理之間找到一個合適的契合點，使得家庭的結合既因情而結合，又約之以理，唯其如此，才能建立良好而長久的夫妻關係。否則，一旦出現不合情、不合理的兩性關係，就會破壞家庭的和諧，社會的安寧，其直接後果是影響下一代的健康成長，最終給家庭和社會帶來極大的危害，並帶來一系列社會問題。婚姻需要感情維繫，它同樣需要理智來制約，夫妻雙方均須自尊自重。

　　儘管明清士紳家訓中對夫妻關係本著三從四德、男尊女卑、男主女從的思想，男女之間並不存在眞正的平等，但是，這時的士紳家訓中也依稀流露出主張在夫權制前提下的男女平等的呼聲。如姚舜牧說「一夫一婦是正理」〔註53〕，強調婚姻中男女均須守貞的一致性，尤其是「結髮糟糠，萬萬不宜乖棄。」如果男子可以再娶，那麼女子也可以再嫁，如蔣伊就反對女子「從一而終」，主張「婦人三十歲以內，夫故者，令其母家擇配改適，親屬不許阻撓。」〔註54〕《溫氏家訓》中也告誡子弟不要勸人守寡。這些現象說明，明清士紳思想一定程度上的開明，而士紳階層既是文化的所有者，又是文化的傳播者，他們對於世界的認識既是時代的反映，他們的這種認識又會指引著世人，爲世人起著路燈的

〔註53〕〔明〕姚舜牧：《藥言》，《叢書集成新編》第33卷，第197頁。
〔註54〕〔清〕蔣伊：《蔣氏家訓》，《叢書集成新編》第33卷，第213頁。

－289－

導向作用，這樣，他們對於夫妻間的忠貞互動關係、女子改適的認可等思想無不對鬆動當時束縛女子的「三從四德」思想起著積極進步的作用，當然，這種開明思想畢竟是冰山一角，尚不足以撼動整個傳統社會的夫權制度。

夫妻之間良好關係的建立，要本著夫妻平等、民主、互相忠貞的原則，在這方面，明清士紳家訓給我們帶來的更多的是教訓，明清士紳家訓中，對妻子單方面盡義務、保貞節、曲從、柔順提出了更多的要求，除了個別家訓勸導爲夫者也要愛護妻子、主張一夫一婦外〔註 55〕，大多家訓對於夫妻關係場中的丈夫則沒有提出什麼要求與應盡的義務，更遑論要求他們對妻子保持忠貞了。這些應隨著社會的進步而遭到摒棄，現代社會要求夫妻之間要建立平等、民主的夫妻關係，在享受權利的同時也要奉獻相應的義務，當然，我們在呼籲爲夫者盡義務、反對男權至上的同時，同樣反對女權至上、妻管嚴現象的發生。只有夫妻之間建立真正和諧民主平等的關係，才有利於創造一種和睦的家庭氛圍，從而有利於家庭的和諧社會的安寧。

家庭關係中除夫妻關係外還有一種必不可少的人際關係即是長幼關係。傳統的儒家文化對於長幼關係有明確規定，長者慈愛幼小，幼小孝敬長者，長者有教育、監督、管理幼小的權利，幼小者也同樣有諫諍長者的義務。明清士紳因受傳統文化的薰染及理學的影響，他們同樣強調孝道，主張幼小孝敬長者，長者慈愛幼小，並希望長幼之間形成一種有限的代際互動。〔註 56〕

美國學者費正清指出，（傳統中國）「在大家庭裏，每個孩子一生下來就陷在一個等級森嚴的親屬關係之中，……名目之多，非西方人所能確記，這些關係不僅比西方的親屬關係名義明確，區分精細，而且還附有隨其地位而定的不容爭辯的權利和義務。」〔註 57〕其中最主要的義務就是幼小者責無旁

〔註 55〕 按：如張履祥指出：「婦之於夫，終身攸託，甘苦同之，安危與其，……捨父母兄弟而託終身於我，斯情亦可念也，事父母，奉祭祀，繼後世，更其大者矣，有過失宜含容不宜輕怒，有不知宜教導不宜薄待。」〔清〕張履祥：《楊園先生全集》卷 4，《訓子語》。

〔註 56〕 按：此處的有限性，是指明清士紳更多地強調幼小者對長者的孝敬順從，而較少主張幼小者對長者的諫諍，尤其是在婆媳關係中，無論翁姑是對是錯，他們均主張爲媳這要「曲從其歡心」。顯示出長幼互動關係弱化的趨勢。如清人陸圻告誡即將出嫁的女兒說：「如姑有責備新婦處，只認自不是，不必多辯，罵也上前，打也上前，陪奉笑顏，把搔背癢，無非要得其歡心，彼事君者，尚曰，媚於一人。況婦事姑乎？」見〔清〕陸圻：《新婦譜》，《叢書集成續編》第 62 冊，第 43 頁。

〔註 57〕 〔美〕費正清：《美國與中國》，張理京譯，商務印書館 1987 年版，第 10 頁。

貸地孝敬長者的義務。

　　我國現在家庭結構正由主幹家庭向核心家庭轉化，其直接後果就是家庭重心由父子關係向夫妻關係的轉移。而計劃生育政策使得獨生子女逐漸普遍化，又造成家庭重心的下移，這樣，原來以「孝親」為主要內容的縱向倫理關係發生變化，出現了代際關係的危機。表現在養老上就是孝親觀念的淡化。許多人已經全然忘記人類原有的家庭血緣親情和家庭道德關係，他們置父母養育之恩於不顧，沒有反哺之意，幼小者啃老取代了養老。父母養育、教育子女固然是父母應盡的義務，但在我國這樣一個社會福利保障制度不夠完善的發展中國家，子女在享受權利的同時，同樣要盡贍養老人的義務。

　　子女贍養老人的義務，包括物質奉養和精神愉悅。現代社會，由於生產力的不斷進步，大多父母家長生活中的物質資料並不欠缺，所以，僅僅對他們停留在物質的奉養層面是遠遠不夠的，他們更需要感情的慰藉和心靈的溝通，他們更需要子女「常回家看看」。

　　和諧的家庭人際關係，有利於子女的健康成長。處於融洽和睦的家庭環境中，子女的環境適應的能力也會極大增強，他們更容易保持良好的心境並形成活潑開朗、積極進取的性格。相反，子女若生活在一個緊張僵硬的家庭氛圍中，他們就更容易形成抑鬱、猜疑、冷漠等不良性格，嚴重的可能會導致病態人格。這些不僅不利於家庭的和諧，而且也對於社會的穩定帶來極大的危害。當然，傳統的家庭倫理，維護家長專制，現代家庭道德觀則主張家庭成員一律平等，既平等地享有家庭中的各項權利，同樣也要履行家庭中的各種義務，家庭成員之間要尊重、關心、愛護彼此，摒棄過去的家長權、父權、夫權和男外女內，男尊女卑等腐朽陳舊觀念。但與此同時，也要注意防範大女子主義，「女尊男卑」等新的社會現象。

（四）家庭教育要教育子女形成角色認同並內化為自覺行為

　　人的全面發展應該包括機體生長、心理成熟和社會規範不斷內化這三者的結合。明清士紳針對女子的教育內容，圍繞著塑造能夠侍奉父母公婆、順從丈夫、理家教子的賢妻良母，這樣的教育目標與男子的教育目標迥異，在宗法制度的背景下，明清士紳教育多限制在有益於家庭關係的和諧和家庭的興旺發達『家內』方面，反映出士紳對心目中理想女子的期許。而這一規範也影響著女子對自己角色的認同，從而使士紳家庭中的女性與人群的互動相

較於平民家庭的女性來說，處於一種弱化的態勢。

儒家倫理規範，自春秋興起，漢代確立之後，後世就處於對其修葺完善的程度上，尤其是明清以來，隨著理學在社會意識形態中霸主地位的確立，飽受傳統文化薰陶的士紳階層自然是以理學標準來界定女性的社會角色，希望她們恪守傳統道德規範，遵從禮制，通過家庭的和睦促進社會的和諧。在這一思想範式框限中，明清士紳對女子的訓誡，並非培養其獨立的人格，而是要求她們如何因應社會秩序的需要，正確無誤地扮演正位於內的賢妻良母角色。如果說，下層民眾家庭的女性因為生活所迫，加之對儒家思想缺乏理解，即使有所認識，也是間接獲得的，儒家思想對其影響的局限性，使得她們對儒家思想所範限的倫理道德的遵從有一定的困難；那麼，相對來說，更多、更直接吸收儒家倫理道德的士紳家庭的女性輒易於將儒家倫理道德內化為自己的行為規範，指導自己的言行舉止，所以，我們更能夠從士紳家庭女性的身上，尋找到更完整的儒家禮法規範，或者說，禮法規範在士紳家庭女子身上更根深蒂固地存在著。明清士紳家庭女子一切行動圍繞著成就婦德、孝順翁姑、襄助丈夫、教育子弟，以達到興家睦族、家和國盛的終極目的。她們已經將其內化為自覺行為而遵守、宣傳、認同。

（中層社會的女性）「相對於同一社會階層的男性，她們不以出仕治國為目標，因而在人格追求、才華展現方面，都較少政治功利色彩，更為單純而脫俗。相對於下層女性而言，她們所受儒家禮儀心性之學影響更深，堅持『正位於內』角色的傾向更明顯，維護傳統秩序的意識也更強烈，她們一方面具有強烈的人生追求與期翼，另一方面又比較『自覺』地認同用以規範人際關係的儒家倫理觀念，把維持家族內的現存秩序作為自身自然。而她們用以『綱紀門戶』的武器正是傳統禮教。」〔註 58〕傳統社會中的女性已經將傳統禮教內化為自覺行為，在實際生活中自覺實現。

女性在各個方面都要求被形塑成士紳心目中的理想女性形象，她們要貞節、柔順、孝敬、知書達理、恪守三從四德，而非提供女性與男性等同的教育機會，雖然明清士紳家訓中對女子的規範仍然離不開居內、守弱、處卑等傳統倫理要求，但我們也從相關的家訓中依稀看到部份女子的女性自覺的出現，這可稱得上是男外、男強、男尊倫理規範激流外的一股潛流。尤其是相

〔註 58〕杜方琴、王政主編：《中國歷史中的婦女與性別》，第 295 頁。

較於男子缺席時的女性在理家、治生、教子等方面的在場作用，這些家訓內容中有關女性能動性的記述，又會反過來作為後世女子學習的榜樣，她們通過閱讀、思考而加以學習傚仿，從而出現女性自覺意識的覺醒。

今天，我們從女性教育的觀點視之，女性的自我認同與自我實現理應受到重視。誠然在明清這樣一個傳統社會的時空中，士紳家庭對於婦女的角色與地位有其特殊的角色期待而被加以規範，但在當今多元化的社會中，婦女的角色理應被賦予新的意義，從生存、教育、婚姻、家務、工作、生育等方面，都應正視女性的主體性與自主性，要培養女性自尊、自重、自愛、自信，並引導她們將其內化為自身的自覺行為，唯其如此，才能更有利於整個社會樹立正確的性別觀，建立正確的性別教育機制，對兩性角色進行恰當定位，尤其是將兩性平等觀念具體落實到現實生活中，才能進而締造一個互尊、互重、互愛的和諧社會。

性別平等同樣需要男性走出傳統文化中的性別歧視誤區，樹立性別平等觀念，摒棄男權理念，兩性互尊互重，從而推動家庭與社會關係中的性別平等。並把兩性平等的觀念灌輸到幼兒教育中，從小培養兩性平等、和諧相處的觀念。當今社會雖然倡導自尊自愛，互敬互愛，但許多人仍然從內心深處缺乏對配偶人格、地位、權益的尊重，或大男子主義，或「妻管嚴」現象時有發生，「男外女內」也被視為成規，男女性別平等在現代社會和家庭中仍然是冰山一角，需要我們將性別平等理念內化為個體自覺行為，需要我們為此發揮積極作用，付出持續不斷的努力。

參考文獻

一、古代經典、史書、文集、筆記及其它

1. 《論語注疏》，〔清〕阮元校刻：《十三經注疏》，中華書局 1980 年影印本。

2. 《孟子注疏》，〔清〕阮元校刻：《十三經注疏》，中華書局 1980 年影印本。

3. 《禮記正義》，〔清〕阮元校刻：《十三經注疏》，中華書局 1980 年影印本。

4. 《周易正義》，〔清〕阮元校刻：《十三經注疏》，中華書局 1980 年影印本。

5. 《孝經注疏》，〔清〕阮元校刻：《十三經注疏》，中華書局 1980 年影印本。

6. 《荀子》，《四部叢刊》初編，子部，上海涵芬樓影印本。

7. 《老子》，《四部叢刊》初編，子部，上海涵芬樓影印本。

8. 〔漢〕司馬遷：《史記》，商務印書館 1958 年點校本。

9. 〔南朝宋〕范曄：《後漢書》，中華書局 1965 年點校本。

10. 〔清〕張廷玉等：《明史》，中華書局 1974 年點校本。

11. 〔明〕宋濂等：《元史》，中華書局 1976 年點校本。

12. 〔元〕脫脫等：《宋史》，中華書局 1977 年點校本。

13. 〔清〕趙爾巽等：《清史稿》，中華書局 1977 年點校本。

14. 〔明〕羅欽順：《整庵存稿》卷 3，影印文淵閣四庫全書第 1261 冊。

15. 〔清〕盛清學等：江蘇《毗陵盛氏族譜》，同治十三年追遠堂木活字印本。

16. 〔清〕沈垚：《落帆樓文集》，《吳興叢書》第 188～197 冊，吳興劉氏嘉業堂刊。

17. 〔清〕金天翮：《皖志列傳稿》，1936 年蘇州利蘇印書社版。

18. 〔清〕湯斌：《湯子遺書》，1870 年本祠堂莊版。

19. 〔清〕張虔輯：《桐城兩相國語錄》，1880 年桐城聚珍鉛印本。

20. 〔清〕唐甄：《潛書》，中華書局 1955 年版。

21. 〔清〕李寶嘉：《官場現形記》，人民文學出版社 1957 年版。

22. 〔清〕王夫之：《尚書引義》，中華書局 1976 年版。

23. 〔清〕張廷玉：《澄懷園語》，〔清〕張維屏輯：《國朝詩人徵略》，番禺張氏 1830 年刻本。

24. 〔清〕張廷玉：《澄懷園文存》，沈雲龍主編：《近代中國史料叢刊》第 52 輯，第 516 冊，臺灣文海出版社 1977 年版。

25. 〔清〕張廷玉：《張廷玉年譜》，中華書局 1992 年版。

26. 〔清〕陳確：《陳確集》，中華書局 1979 年版。

27. 〔清〕錢泳：《履園叢話》，中華書局 1979 年版。

28. 〔清〕朱舜水：《朱舜水集》，中華書局 1981 年版。

29. 〔清〕何德剛：《客座偶談》，上海古籍書店 1983 年影印本。

30. 〔清〕計六奇輯：《明季北略》，中華書局 1984 年版。

31. 〔清〕陸以湉：《冷廬雜識》，中華書局 1984 年版。

32. 〔清〕徐珂：《清稗類鈔》，第 2 冊，第 3 冊，中華書局 1984～1986 年版。

33. 〔清〕陳康祺：《郎潛紀聞初筆、二筆、三筆》，中華書局 1984 年版。

34. 〔清〕章學誠：《章學誠遺書》，文物出版社 1985 年版。

35. 〔清〕曾國藩：《曾國藩全集》，《家書》，嶽麓書社 1985 年版。

36. 〔清〕顏元：《顏元集》，中華書局 1987 年版。

37. 〔清〕李元度：《國朝先正事略》，嶽麓書社 1991 年版。

38. 〔明〕馮夢龍：《醒世恒言》，上海古籍出版社 1992 年版。

39. 〔清〕顧炎武：《日知錄》，影印文淵閣四庫全書第 858 冊。

40. 〔清〕吳慶坻：《蕉廊脞錄》，中華書局 1997 年版。

二、家訓主要著作

1. 〔清〕湯斌：《湯子遺書》卷 4，《寄示諸子家書》，1870 年本祠堂莊版。

2. 〔清〕汪輝祖：《汪龍莊先生遺書‧雙節堂庸訓》，同治元年望三益齋藏版。

3. 〔清〕陳宏謀：《五種遺規》，《教女遺規‧序言》，1868 年湖文書局刻板。

4. 〔清〕張廷玉：《澄懷園語》，〔清〕張虡輯：《桐城兩相國語錄》，1880 年桐城聚珍鉛印本。

5. 〔清〕藍鼎元：《女學》，沈雲龍主編，《近代中國史料叢刊》續輯，第 41 輯，第 410 冊，臺灣文海出版社 1977 年版。

6. 〔清〕王相:《女子四書讀本》,《女範捷錄》,上海錦章書局石印本。

7. 〔北齊〕顏之推:《顏氏家訓集解》,王利器集解,上海古籍出版社 1980 年版。

8. 〔清〕周亮工輯:《尺牘新鈔》,嶽麓書社 1986 年版。

9. 〔清〕石成金:《傳家寶》,天津社會科學院出版社 1992 年版。

10. 〔清〕鄭板橋:《板橋家書》,學林出版社 2002 年版。

※ 以下出自王德毅主編:《叢書集成新編》,臺灣新文豐公司 1985 年出版:

1. 〔明〕陳繼儒:《安得長者言言》,《叢書集成新編》第 14 卷。

2. 〔明〕吳麟徵:《家誡要言》,《叢書集成新編》第 33 卷。

3. 〔明〕姚舜牧:《藥言》,《叢書集成新編》第 33 卷。

4. 〔明〕袁衷等輯:《庭帷雜錄》,《叢書集成新編》第 33 卷。

5. 〔明〕許雲村:《許雲村貽謀》,《叢書集成新編》第 33 卷。

6. 〔明〕龐尚鵬:《女誡》,《叢書集成新編》第 33 卷。

7. 〔明〕龐尚鵬:《龐氏家訓》,《叢書集成新編》第 33 卷。

8. 〔清〕蔣伊:《蔣氏家訓》,《叢書集成新編》第 33 卷。

9. 〔清〕孫奇逢:《孝友堂家規》,《叢書集成新編》第 33 卷。

10. 〔清〕孫奇逢:《孝友堂家訓》,《叢書集成新編》第 33 卷。

11. 〔清〕許汝霖:《德星堂家訂》,《叢書集成新編》第 33 冊。

12. 〔清〕張英:《聰訓齋語》,《叢書集成新編》第 33 卷。

13. 〔清〕張英:《恒產瑣言》,《叢書集成新編》第 33 卷。

※ 以下出自王德毅主編:《叢書集成續編》,臺灣新文豐公司 1989 年出版:

1. 〔清〕高拱京:《高氏熟鐸》,《叢書集成續編》第 60 卷。

2. 〔清〕傅山:《霜紅龕家訓》,《叢書集成續編》第 60 卷。

3. 〔清〕康熙:《庭訓格言》,《叢書集成續編》第 60 卷。

4. 〔清〕戴翊清:《治家格言繹義》,《叢書集成續編》第 60 卷。

5. 〔清〕朱伯廬:《治家格言》,《叢書集成續編》第 60 卷。

6. 〔清〕汪惟憲:《寒燈恕語》,《叢書集成續編》第 60 卷。

7. 〔清〕沈赤然:《寒夜叢談》,《叢書集成續編》第 60 卷。

8. 〔清〕鍾於序:《宗規》,《叢書集成續編》第 60 卷。

9. 〔清〕焦循:《里堂家訓》,叢書集成續編第 60 卷。

10. 〔清〕張習孔:《家訓》,叢書集成續編第 60 卷。

11. 〔明〕呂維祺:《曉諭子十則》,《叢書集成續編》第 61 卷。

12. 〔明〕席本楨：《古今格言類編》，《叢書集成續編》第 61 卷。

13. 〔明〕黃標：《庭書頻說》，《叢書集成續編》第 61 卷。

14. 〔明〕何倫：《何氏家規》，《叢書集成續編》第 61 卷。

15. 〔明〕彭端吾：《彭氏家訓》，《叢書集成續編》第 61 卷。

16. 〔明〕葉瞻山：《家訓》，，《叢書集成續編》第 61 卷。

17. 〔明〕張鵬翼：《孝傳第一書》，《叢書集成續編》第 61 卷。

18. 〔明〕薛瑄：《誡子書》，《叢書集成續編》第 61 卷。

19. 〔清〕蔡世遠：《庚子秋帖示族中子弟》，《叢書集成新編》第 61 卷。

20. 〔清〕蔡世遠：《壬子九月寄示長兒》，《叢書集成續編》第 61 卷。

21. 〔清〕李應升：《官西臺寄季弟》，《叢書集成續編》第 61 卷。

22. 〔清〕顧天朗：《日省錄》，《叢書集成續編》第 61 卷。

23. 〔清〕王心敬：《豐川家訓》，《叢書集成續編》第 61 卷。

24. 〔清〕夏錫疇：《孝悌錄》，《叢書集成續編》第 61 卷。

25. 〔清〕金敞：《宗約》，《叢書集成續編》第 61 卷。

26. 〔清〕金敞：《家訓紀要》，《叢書集成續編》第 61 卷。

27. 〔清〕牟允中：《庸行編》《叢書集成續編》第 61 卷

28. 〔清〕涂天相：《靜用堂家訓》，《叢書集成續編》第 61 卷。

29. 〔清〕方元亮：《家訓》，《叢書集成續編》第 61 卷。

30. 〔清〕崔學古：《幼訓》，《叢書集成續編》第 61 卷。

31. 〔清〕涂天相：《靜用堂家訓》，《叢書集成續編》第 61 卷。

32. 〔清〕陸隴其：《示大兒定徵》，《叢書集成續編》第 61 卷。

33. 〔清〕陸隴其：《示三兒宸徵》，《叢書集成續編》第 61 卷。

34. 〔清〕魏世儼：《寄兄弟書》，《叢書集成續編》第 61 卷。

35. 〔清〕汪璲：《示兒》，《叢書集成續編》第 61 卷。

36. 〔清〕景暹：《景氏家訓》，《叢書集成續編》第 61 卷。

37. 〔清〕孫奇遇：《仲氏家訓》，《叢書集成續編》第 61 卷。

38. 〔清〕閔子奇：《洗心齋纂古》，《叢書集成續編》第 61 卷。

39. 〔明〕劉德新：《餘慶堂十二戒》，《叢書集成續編》第 62 卷。

40. 〔清〕陸圻：《新婦譜》，《叢書集成初編》第 62 冊。

41. 〔清〕李淦：《燕翼篇》，《叢書集成續編》第 62 冊。

42. 〔明〕陳龍正：《家矩》，《叢書集成續編》第 214 冊。

※ 以下出自〔清〕陳宏謀輯：《五種遺規》，1868 年湖文書局刻板：

1. 〔明〕程漢舒：《程漢舒筆記》，《五種遺規》，《訓俗遺規》卷 3。

2. 〔明〕王孟祺：《講宗約會規》，《五種遺規》，《訓俗遺規》卷 3。

3. 〔明〕王孟祺：《家訓御下篇》，《五種遺規》，《教女遺規》卷下。

4. 〔明〕呂德勝：《女小兒語》，《五種遺規》，《教女遺規》卷中。

5. 〔明〕呂坤：《閨範》，《五種遺規》，《教女遺規》卷中。

6. 〔清〕陸桴樗：《思辨錄》，《五種遺規》，《訓俗遺規》卷 2。

7. 〔清〕唐彪：《人生必讀書》，《五種遺規》，《教女遺規》卷下、《五種遺規》，《訓俗遺規》卷 4。

8. 〔清〕王朗川：《王朗川言行彙纂》，《五種遺規》，《教女遺規》卷下、《五種遺規》，《訓俗遺規》卷 4。

9. 〔清〕王士晉：《宗規》，《五種遺規》，《訓俗遺規》卷 2。

10. 〔清〕魏象樞：《庸言》，《五種遺規》，《訓俗遺規》卷 3。

11. 〔清〕史搢臣：《願體集》，《五種遺規》，《教女遺規》卷下、《五種遺規》，《訓俗遺規》卷 4。

※以下出自影印文淵閣《四庫全書》，臺灣商務印書館 1986 年版：

1. 〔宋〕司馬光：《傳家集》卷 67，《訓‧訓儉示康》，影印文淵閣四庫全書第 1094 冊。

2. 〔宋〕袁采：《袁氏世範》卷中，《處己》，影印文淵閣四庫全書 698 冊。

3. 〔明〕仁孝文皇后：《内訓》，影印文淵閣四庫全書第 709 冊。

4. 〔明〕方孝孺：《遜志齋集》卷 1，《雜著》；卷 23《古詩》，影印文淵閣四庫全書第 1235 冊。

5. 〔明〕曹端：《曹月川集》，《夜行燭》，影印文淵閣四庫全書第 1243 冊。

6. 〔明〕高攀龍：《高子遺書》，卷 10，《家訓》，影印文淵閣四庫全書第 1229 冊。

7. 〔明〕楊繼盛：《楊忠愍集》卷 3，《赴義前一夕遺囑》，影印文淵閣四庫全書第 1278 冊。

8. 〔清〕馮班：《鈍吟雜錄》卷 1，《家戒》上，影印文淵閣四庫全書第 886 冊。

9. 〔清〕馮班：《鈍吟雜錄》卷 2，《家戒》下，影印文淵閣四庫全書第 886 冊。

10. 〔清〕馮班：《鈍吟雜錄》卷 7，《戒子帖》，影印文淵閣四庫全書第 886 冊。

※以下出自顧廷龍、傅璇琮等編：《續修四庫全書》，上海古籍出版社 2002 年版：

1. 〔明〕許雲村：《許氏貽謀四則》，《續修四庫全書》第 938 冊。
2. 〔明〕劉良臣：《鳳川子克己示兒編》，《續修四庫全書》第 938 冊。

※以下出自〔清〕陳夢雷等編：《古今圖書集成·明倫彙編·家範典》，中華書局巴蜀書社 1988 年影印本：

1. 〔明〕徐三重：《徐三重明善全編·家則》，《古今圖書集成·明倫彙編·家範典》第 39 卷，「教子部」。
2. 《擇婦》，《古今圖書集成·明倫彙編·家範典》，第 57 卷，「姑媳部」。
3. 〔明〕呂維祺：《呂維祺語錄·論子》，《古今圖書集成·明倫彙編·家範典》第 39 卷，「教子部」。
4. 〔明〕呂坤：《昏前翼》，〔清〕陳夢雷編：《古今圖書集成·明倫彙編·閨媛典》第 3 卷，「閨媛總部」。
5. 〔清〕孫奇逢：《夫婦箴》，《古今圖書集成·明倫彙編·家範典》，第 84 卷，「夫婦部」。

三、現當代主要專著

1. 錢穆：《國史大綱》下冊，商務印書館 1994 年版
2. 陳東原：《中國婦女生活史》，商務印書館 1937 年版。
3. 蔡冠洛編：《清代七百名人傳》，北京市中國書店 1984 年版。
4. 余英時：《中國知識階層史論》，臺灣聯經出版社 1984 年版。
5. 余英時：《明清變遷時期社會與文化的轉變》，聯經出版事業公司 1992 年版。
6. 余英時：《士與中國文化》，上海人民出版社 2003 年版。
7. 余英時：《儒家倫理與商人精神》，廣西師範大學出版社 2004 年版。
8. 林語堂：《中國人》，浙江人民出版社 1988 年版。
9. 辜鴻銘：《中國人的精神》，海南出版社 1996 年版。
10. 瞿同祖：《清代地方政府》，范忠信、晏鋒譯，法律出版社 2003 年版。
11. 梁漱溟：《中國文化要義》，上海世紀出版集團 2005 年版。
12. 王亞南：《中國官僚政治研究》，中國社會科學出版社 2005 年版。
13. 費孝通：《中國紳士》，中國社會科學出版社 2006 年版。
14. 費孝通：《鄉土中國》，上海人民出版社 2006 年版。
15. 侯外廬：《中國思想通史》第 1 卷，人民出版社 1957 年版。
16. 朱勇：《清代宗族法研究》，湖南教育出版社 1987 年版。
17. 張仲禮：《中國紳士——關於其在十九世紀中國社會中作用的研究》，上

海社會科學院出版社 1991 年版。

18. 張仲禮：《中國紳士的收入》，上海社會科學院出版社 2001 年版。

19. 杜維明：《儒家思想新論——創造性轉換自我》，曹幼華、單丁譯，江蘇人民出版社 1991 年版。

20. 韓錫鐸：《中華蒙學集成》，遼寧教育出版社 1993 年版。

21. 李山川主編：《小學兒童教育心理學》，中國科學技術大學出版社 1995 年版。

22. 馬鏞：《中國家庭教育史》，湖南教育出版社 1995 年版。

23. 曹大爲：《中國古代女子教育》，北京師範大學出版社 1996 年版。

24. 黃仁宇：《萬曆十五年》，三聯書店 1997 年版。

25. 《中國大歷史》，三聯書店 2004 年版。

26. 焦國成：《中國倫理學通論》，山西教育出版社 1997 年版。

27. 王先明：《近代紳士——一個封建階層的歷史命運》，天津人民出版社 1997 年版。

28. 畢誠：《中國古代家庭教育》，商務印書館 1997 年版。

29. 費成康：《中國的家法族規》，上海科學院出版社 1998 年版。

30. 何懷宏：《選舉社會及其終結——秦漢至晚清歷史的一種社會學闡釋》，三聯書店 1998 年版。

31. 唐凱麟、張懷承：《成人與成聖——儒家倫理道德精粹》，湖南大學出版社 1999 年版。

32. 林存陽等：《中國之倫理精神》，四川人民出版社 2000 年版。

33. 郭松義：《倫理與生活：清代的婚姻關係》，商務印書館 2000 年版。

34. 葛兆光：《中國思想史》第 2 卷，復旦大學出版社 2001 年版。

35. 蕭群忠：《孝與中國文化》，人民出版社 2001 年版。

36. 劉韶軍：《儒家學習思想研究》，華中師範大學出版社 2001 年版。

37. 張傑：《清代科舉家族》，社會科學文獻出版社 2003 年版。

38. 陳來：《中國近世思想史研究》，商務印書館 2003 年版。

39. 徐少錦、陳延斌：《中國家訓史》，陝西人民出版社 2003 年版。

40. 李澤厚：《中國古代思想史論》，天津社會科學院出版社 2003 年版。

41. 趙忠心：《中國家庭教育五千年》，中國法制出版社 2003 年版。

42. 鄧小南主編：《唐宋女性與社會》，上海辭書出版社 2003 年版。

43. 錢茂偉：《國家、科舉與社會：以明代爲中心的考察》，北京圖書館出版社 2004 年版。

44. 徐茂明：《江南士紳與江南社會》，商務印書館 2004 年版。

45. 杜方琴、王政主編：《中國歷史中的婦女與性別》，天津日報出版社 2004 年版。

46. 陳寶良：《明代儒學生員與地方社會》，中國社會科學出版社 2005 年版。

47. 王長金：《中國傳統家訓通論》，吉林人民出版社 2005 年版。

48. 劉海鷗：《從傳統到啟蒙：中國傳統家庭倫理的近代嬗變》，中國社會科學文獻出版社，2005 年版。

49. 常建華：《明代宗族研究》，上海世紀出版集團 2005 年版。

50. 吳建華：《明清江南人口社會史研究》，群言出版社 2005 年版。

51. 〔臺〕張德勝：《國家倫理秩序情結——中國思想的社會學闡釋》，臺北巨流圖書公司 1991 年版。

52. 〔臺〕梁其姿：《施善與教化——明清的慈善組織》，河北教育出版社 2001 年版。

53. 〔臺〕李貞德、梁其姿主編：《婦女與社會》，中國大百科全書出版社 2005 年版。

54. 〔英〕斯當東著：《英使謁見乾隆紀實》，葉篤義譯，商務印書館 1963 年版。

55. 〔美〕費正清：《劍橋中國晚清史》，中國社會科學院歷史編譯研究室譯，中國社會科學出版社 1985 年版。

56. 〔美〕費正清：《美國與中國》，張理京譯，商務印書館 1987 年版。

57. 〔日〕山川麗：《中國女性史》，高大倫、范勇譯，三秦出版社 1987 年版。

58. 〔美〕B·R·郝根法：《現代人格心理學歷史導引》，文一等編譯，河北人民出版社 1988 年版。

59. 〔美〕孔飛力：《中華帝國晚期的叛亂及其敵人：1796～1864 年的軍事化與社會結構》，謝亮生等譯，中國社會科學出版社 1990 年版。

60. 〔美〕杜贊奇：《文化、權力與國家》，王福明譯，江蘇人民出版社 1996 年版。

61. 〔德〕諾貝特·埃利亞斯（Norbert Elias）：《文明的進程》，王配莉譯，三聯書店 1998 年版。

62. 〔美〕伊沛霞：《內闈：宋代的婚姻和婦女生活》，胡志宏譯，江蘇人民出版社 2004 年版。

63. 〔美〕曼素恩：《綴珍錄——十八世紀及其前後的中國婦女》，定宜莊、顏宜葳譯，江蘇人民出版社 2005 年版。

64. 〔美〕高彥頤：《閨塾師：明末清初江南的才女文化》，李志生譯，江蘇人民出版社 2005 年版。

65. 〔美〕白馥蘭：《技術與性別：晚期帝制中國的權力經緯》，江湄、鄧京力譯，江蘇人民出版社 2006 年版。

外文書籍

1. Frederic Wakeman,Jr., 「introduction:The Evolution of Local Control in Late Imperial China ,」in Frederic Wakeman,Jr.and Carolyn Grant（eds.）, Conflict and Control in late Imperial China（Berkeley:University of California Press,1975）.

2. Thomas H.C. Lee,Government Education and Examination in Sung China（Hong Kong:The Chinese University of Hong Kong Press ,1985）.

四、現當代主要論文及學位論文

主要報紙與論文

1. 談敏：《歷代封建家訓中的經濟要素》，《中國史研究》1986 年第 2 期。

2. 蕭群忠：《中國傳統女性道德觀述評——〈女誡〉〈女論語〉〈女兒經〉研究》，《甘肅社會科學》1990 年第 5 期。

3. 張本立：《家訓勝萬金》，《人民日報》1990 年 2 月 23 日第 8 版。

4. 張豔國：《簡論中國傳統家訓的文化學意義》，《中州學刊》1991 年第 5 期。

5. 張豔國：《中國傳統家訓的文化功能及其特點》，《光明日報》1994 年 6 月 13 日。

6. 馬玉山：《「家訓」「家誡」的盛行與儒學的普及傳播》，《孔子研究》1993 年第 4 期。

7. 蔡淩虹：《從婦女守節看貞節觀在中國的發展》，《史學月刊》1994 年第 3 期。

8. 劉筱紅：《規矩與方圓——女誡》，《華中師範大學學報》（哲學社會科學版）1995 年第 4 期。

9. 趙世瑜：《冰山解凍的第一滴水：明清時期家庭與社會中的男女兩性》，《清史研究》1995 年第 4 期。

10. 劉筱紅：《中國古代婦女的經濟地位》，《中國史研究》1995 年第 4 期。

11. 張明富：《明清士大夫女性意識異動》，《東北師範大學學報》1996 年第 1 期。

12. 郝秉鍵：《試論紳權》，《 清史研究》，1997 年第 2 期。

13. 王旭玲等：《中國傳統家訓文化的內涵、特徵與現實意義》，《大眾日報》1997 年 9 月 15 日。

14. 韓茂莉、胡兆量：《中國古代狀元分佈的文化背景》，《地理學報》1998 年第 6 期。

15. 李景文：《中國古代家訓文化透視》，《河南大學學報》（社會科學版）1998 第 6 期。

16. 曾凡貞：《傳統家訓及其現代意義》，《廣西師範大學學報》（哲學社會科學版）1998 年第 4 期。

17. 《傳統家訓與傳統文化關係探析》，《玉林師範學院學報》2006 年第 4 期。

18. 劉劍康：《論中國家訓的起源——兼論儒學與傳統家訓的關係》《求索》2000 年第 2 期。

19. 吳傳清：《中國傳統家訓文化視野中的治生之學——立足於封建士大夫家訓文獻的考察》，《中南民族學院學報》（人文社會科學版）2000 年第 1 期。

20. 雷立成：《傳統家訓德教理念結構及現實意義》，《船山學刊》2001 年第 4 期。

21. 陳延斌：《論司馬光的家訓及其教化特色》，《南京師大學報》（社會科學版）2001 年第 4 期。

22. 蘇樹華：《一個不可缺失的教育問題——兒童人文精神的培養》，《教育科學研究》2002 年第 10 期。

23. 劉春梅：《歷代家訓與古代家庭教育的價值取向》，《河南師範大學學報》（哲學社會科學版）2002 年第 4 期。

24. 徐茂明：《明清以來鄉紳、紳士與士紳諸概念辨析》，《蘇州大學學報》（哲學社會科學版）2003 年第 1 期。

25. 呂耀懷：《「儉」的道德價值——中國傳統德性分析之二》，《孔子研究》2003 年第 3 期。

26. 郭長華：《傳統家訓的治家之道及其現實價值》，《北方交通大學學報》（社會科學版）2003 年第 3 期。

27. 胡發貴：《從「謀道」到「謀食」——論宋明之際儒家價值觀念的遷移》，《中州學刊》2003 年第 5 期。

28. 郤廣文：《時代精神與大學理念》，《遼寧工學院學報》（社會科學版）2004 年第 5 期。

29. 林慶：《家訓的起源和功能——兼論家訓對中國傳統政治文化的影響》，《雲南民族大學學報》（哲學社會科學版）2004 年第 3 期。

30. 蘇萍：《班昭〈女誡〉的教育思想探析》，《婦女研究論叢》2005 年第 1 期。

31. 周全德：《中原傳統倫理道德的現代價值》，《學習論壇》2006 年第 12 期。

32. 朱明勳：《論曾國藩的家訓思想》，《西南交通大學學報》（社會科學版）2007 年第 6 期。

33. 鞠春彥：《從女訓看倫理與生存選擇》，《蘭州學刊》2007 年第 9 期。

34. 程時用：《六朝家訓的文化闡釋》，《太原師範學院學報》（社會科學版）2008 年第 4 期。

35. 趙小華：《論唐代家訓文化及其文學意義 —— 以初盛唐士大夫爲中心的考察》，《貴州社會科學》2010 年第 7 期。

36. 洪明：《簡析家訓在當代社會建設中的道德教育功能》，《天津社會科學》，2010 年第 4 期。

37. 曹雪：《魏晉家訓中的節儉觀念述論》，《滄桑》，2014 年第 4 期。

38. 雷傳平等：《由〈顏氏家訓〉解讀顏之推「儒釋道」三教兼容思想》，《東嶽論叢》，2015 年第 11 期。

39. 孟美菊等：《經濟與倫理張力下的古代家訓「治生」理念與行爲》，《雲南大學學報》，2015 年第 1 期。

40. 王永芳：《家訓文化與社會主流文化的相互影響 —— 基於同期群效應模型的分析》，《燕山大學學報》（哲學社會科學版）2016 年第 2 期。

學位論文
博士論文
1. 閻續瑞：《漢唐之際帝王、士大夫家訓研究》，南京師範大學，2004 年。
2. 王有英：《清前期社會教化研究》，華東師範大學，2005 年。
3. 朱明勳：《中國傳統家訓研究》，四川大學，2005 年。
4. 陳志勇：《唐宋家訓研究》，福建師範大學，2007 年。
5. 劉欣：《宋代家訓研究》，雲南大學，2010 年。
6. 田雪：《〈顏氏家訓〉中的士族文化研究》，河北師範大學，2013 年。

碩士論文
1. 李俊：《宋代家訓中的經濟觀念》，河北師範大學，2002 年。
2. 張亞寧：《論曾國藩的家庭教育思想》，曲阜師範大學，2002 年。
3. 岳孝利：《明清時期家教文化研究》，曲阜師範大學，2003 年。
4. 曾永勝：《〈顏氏家訓〉思想研究》，湖南師範大學，2003 年。
5. 洪彩華：《試論我國古代家訓在現代家庭道德建設中的價值》，湖南師範大學，2004 年。
6. 周俊武：《激揚家生》，湖南師範大學，2004 年。
7. 陳志勇：《唐代家訓研究》，福建師範大學，2004 年。

8. 盧萬成：《〈顏氏家訓〉家庭思想教育研究及對當代的啟示》，首都師範大學，2005 年。

9. 孫翔：《曾國藩家庭倫理思想的現代價值研究》，西北師範大學，2005 年。

10. 〔臺〕林偉琤：《唐代家訓所表現的女子家庭教育觀研究》，臺灣師範大學，2000 年。

11. 〔臺〕吳錦昌：《明代家訓之女子家庭教育》，臺灣慈濟大學教育研究所，2005 年。

12. 楊夕：《劉清之及其〈戒子通錄〉研究》，南京師範大學，2008 年。

13. 梁加花：《魏晉南北朝家訓研究》，南京師範大學，2011 年。

14. 王丹丹：《中國古代女訓中的女德研究 —— 兼論當代女德建構及其教化》，徐州師範大學，2011 年。

15. 宋海麗：《明代帝後編撰的女教書及其女教思想研究》，山西師範大學，2013 年。

16. 王冉：《〈女四書〉的女性倫理思想探析》，中央民族大學，2013 年。

17. 張靜：《先秦兩漢家訓研究》，鄭州大學，2013 年。

18. 鍾華君：《清末民初徽州宗族家訓及其傳承研究》，安徽大學，2015 年。